CB064289

NOVE PASSOS PARA
A VERDADEIRA
RIQUEZA

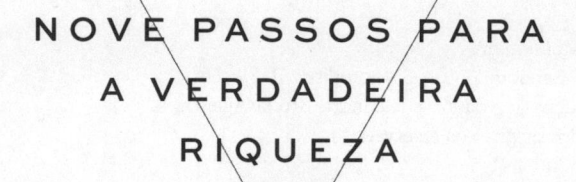

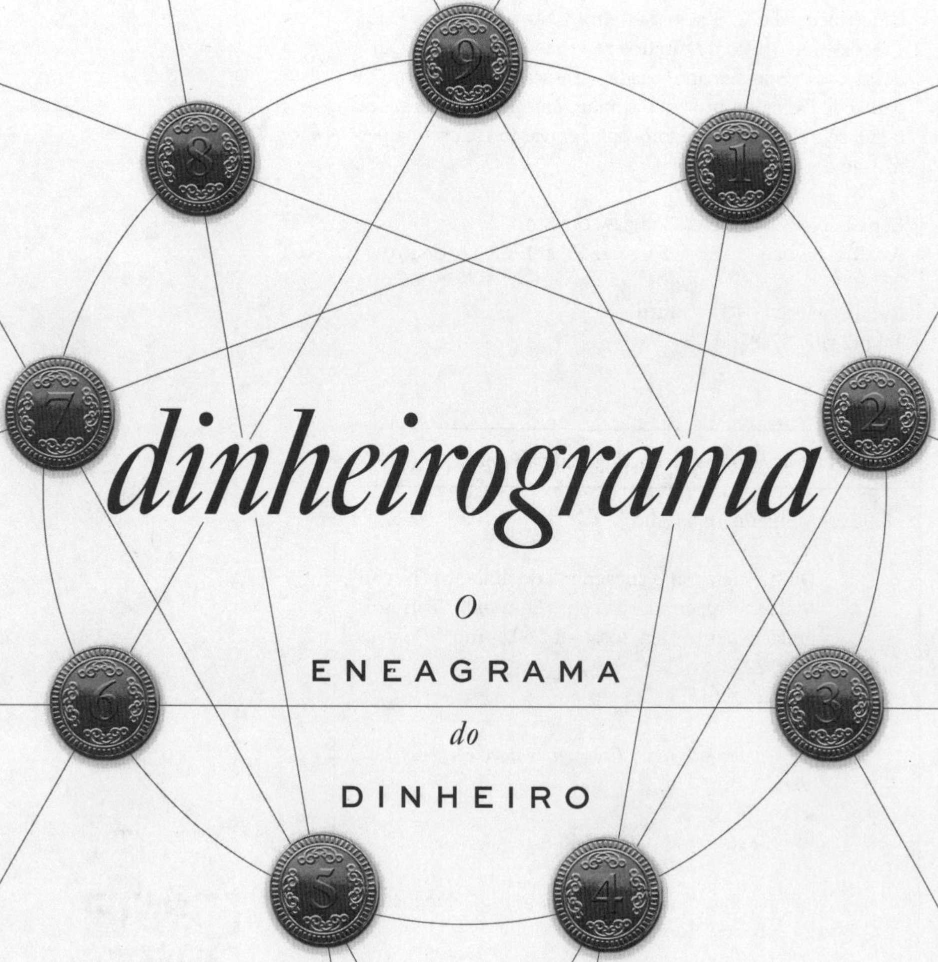

dinheirograma

O
ENEAGRAMA
do
DINHEIRO

PREFÁCIO **JULIANA ROSA**

NACHO MÜHLENBERG

TRADUÇÃO **EDMUNDO BARREIROS**

A
AGIR

Título original: *Dinerograma: el eneagrama del dinero*

© 2022, Nacho Mühlenberg
© 2022, Penguin Random House Grupo Editorial, S.A.U.
Direitos de tradução acordados por Sandra Bruna Agencia Literaria, SL. Todos os direitos reservados.

Direitos de edição da obra em língua portuguesa no Brasil adquiridos pela Agir, selo da Editora Nova Fronteira Participações S.A. Todos os direitos reservados. Nenhuma parte desta obra pode ser apropriada e estocada em sistema de banco de dados ou processo similar, em qualquer forma ou meio, seja eletrônico, de fotocópia, gravação etc., sem a permissão do detentor do copirraite.

Editora Nova Fronteira Participações S.A.
Av. Rio Branco, 115 — Salas 1201 a 1205 — Centro — 20040-004
Rio de Janeiro — RJ — Brasil
Tel.: (21) 3882-8200

Dados Internacionais de Catalogação na Publicação (CIP)

M952d Mühlenberg, Nacho

Dinheirograma: o eneagrama do dinheiro/ Nacho Mühlenberg; tradução por Edmundo Barreiros; prefácio por Juliana Rosa. – 1.ª ed. – Rio de Janeiro: Agir, 2023.
224 p.; 15,5 x 23 cm

Título original: *Dinerograma: el eneagrama del dinero*

ISBN: 978-65-5837-148-9

1. Aperfeiçoamento pessoal – Financeiro. I. Barreiros, Edmundo. II Título.

CDD: 158.1
CDU: 130.1

André Queiroz – CRB-4/2242

Conheça outros livros da editora:

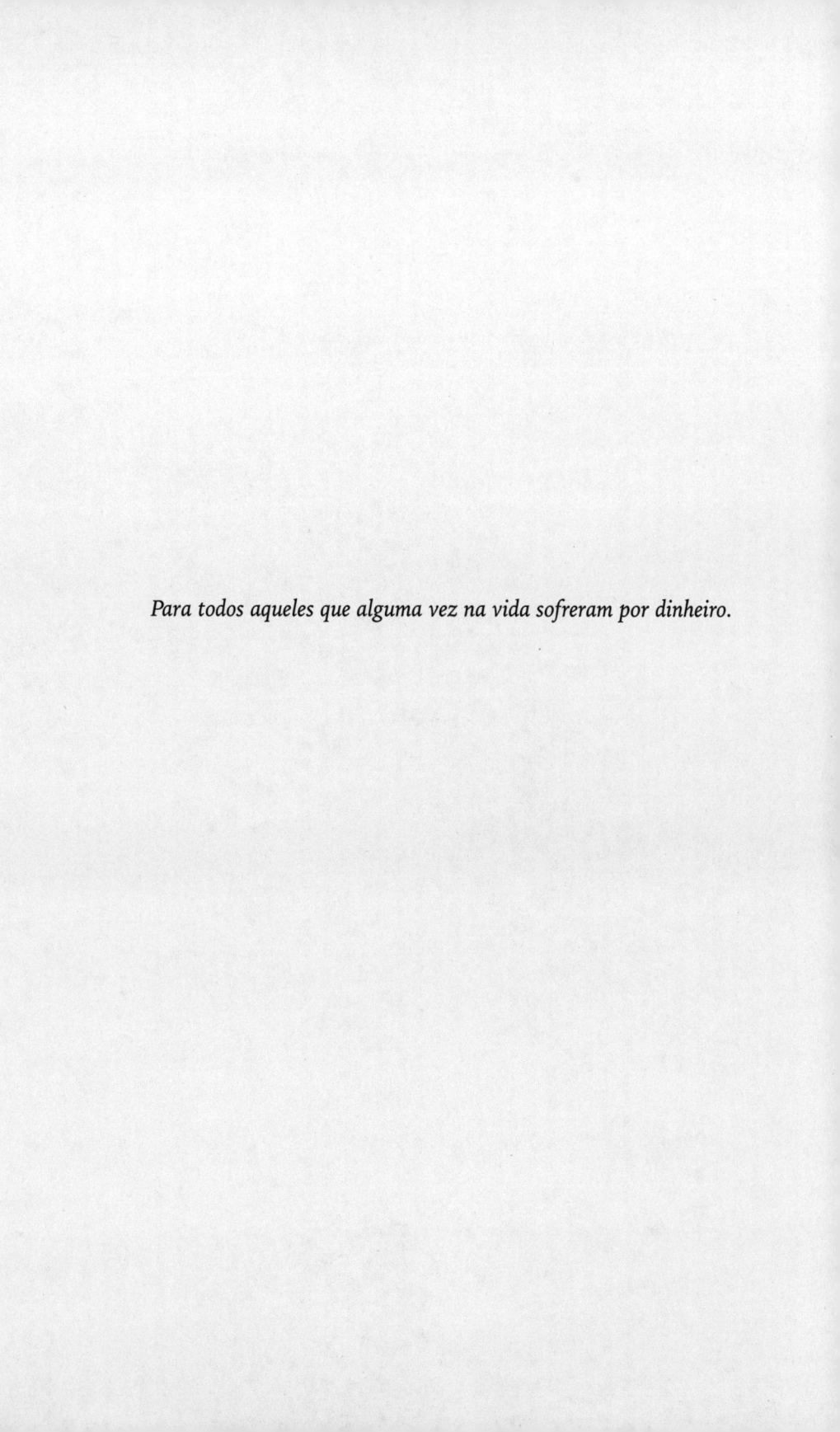

Para todos aqueles que alguma vez na vida sofreram por dinheiro.

Sumário

Prefácio, 9
Prólogo, 11
Introdução, 15

Primeira parte
O eneagrama, 23
Um mapa de sua personalidade, 25
1. Os nove eneatipos, 33
    O eneatipo Um, 35
    O eneatipo Dois, 39
    O eneatipo Três, 43
    O eneatipo Quatro, 47
    O eneatipo Cinco, 51
    O eneatipo Seis, 55
    O eneatipo Sete, 59
    O eneatipo Oito, 63
    O eneatipo Nove, 67

Aspectos que devem ser levados em consideração, 71

2. Os nove eneatipos e sua relação com o dinheiro, 75
    O eneatipo Um e o dinheiro, 77
    O eneatipo Dois e o dinheiro, 81
    O eneatipo Três e o dinheiro, 85
    O eneatipo Quatro e o dinheiro, 89
    O eneatipo Cinco e o dinheiro, 93
    O eneatipo Seis e o dinheiro, 97

O eneatipo Sete e o dinheiro, 101
O eneatipo Oito e o dinheiro, 105
O eneatipo Nove e o dinheiro, 109

Conclusões, 113

Segunda parte
Nove passos para a verdadeira riqueza, 115
A verdadeira riqueza: o controle de seu tempo, 117
3. Primeira etapa: modo sobrevivência, 123
    Passo um: travesseiro financeiro, 125
    Passo dois: *follow the money*, 133
    Passo três: multiplique rendas, 141

4. Segunda etapa: modo *reset*, 149
    Passo quatro: a riqueza começa por dentro, 151
    Passo cinco: adeus, dívidas!, 159
    Passo seis: *get the money*, 165

5. Terceira etapa: modo abundância, 175
    Passo sete: visão e oportunidades, 177
    Passo oito: faça seu dinheiro crescer, 185
    Passo nove: a verdadeira riqueza, 199
    A arte de viver à sua maneira, 205

Recapitulação dos nove passos para a verdadeira riqueza, 207

Epílogo: Sua vida, suas regras, 213
Agradecimentos, 217
Referências e leituras recomendadas, 219

Prefácio

Você já pensou por que algumas pessoas têm mais facilidade do que outras para lidar com dinheiro? E que nem sempre quem tem uma renda maior está em situação financeira melhor do que alguém que recebe menos? Essa questão sempre me intrigou e li *Dinheirograma* rapidamente e com grande interesse.

Na minha família, percebia que meus pais trabalhavam muito e eram referências em suas áreas, mas viviam numa montanha-russa financeira. Ora muito bem, ora muito mal. Aquilo, claro, me atingia e me angustiava.

Intuitivamente, entendia que aquela situação era fruto da falta de educação econômica e, como filha de professora e jornalista, desenvolvi minha carreira como jornalista de economia com foco em educação. O conhecimento em finanças é precário no Brasil. Há três anos, o Banco Central iniciou um trabalho importante para levar educação financeira a alunos do ensino fundamental das escolas públicas. O programa Aprender Valor alcançou até agora 5,6 milhões de estudantes, em 22% das escolas do país. O caminho ainda é longo, mas já começou a ser pavimentado.

É evidente que aumentar nosso conhecimento financeiro nos assegura um melhor futuro pessoal, profissional e econômico, além da enorme contribuição ao desenvolvimento do país e ao exercício da cidadania. Mas, segundo Nacho Mühlenberg, para alcançar a verdadeira riqueza, é preciso conhecer e dominar uma série de crenças, condutas, medos e desejos em relação ao dinheiro.

Já havia lido muito conteúdo sobre economia comportamental, mas essa abordagem é inédita e muito interessante. O autor compartilha uma antiga ferramenta de autoconhecimento, o eneagrama — cujas origens remontam a 2.500 anos —, com o objetivo de prosperar economicamente.

O eneagrama é muito utilizado por empresas para fazer seleção de funcionários, e também por psicólogos, médicos, coachings e professores, para apontar os pontos fortes e fracos de cada pessoa.

A ferramenta descreve nove tipos de personalidade. Todas elas, quando equilibradas, têm suas virtudes. E, sob estresse, têm seus defeitos. Cada eneatipo tem uma relação específica com o dinheiro. Ao tomarmos consciência do que fazemos de forma automática, nossa relação com o dinheiro muda completamente, ensina Nacho.

O autor revela o impacto que o método teve em sua vida pessoal. "Paguei dívidas, aumentei minha renda, reduzi meus gastos, multipliquei minha capacidade de poupança, botei meu dinheiro para trabalhar e consegui um equilíbrio econômico que nunca tivera", diz em um trecho da obra.

Um ponto que considero importante: em vários momentos do livro, o autor diz que não acredita em mágica para conseguir dinheiro rápido e fácil. Sempre me preocupo ao ver promessas de ganhos rápidos e tantos casos de perdas. Nacho conta que ele mesmo acreditou, por muitos anos, em promessas como "segredos únicos", "fórmulas infalíveis" e "dinheiro sem esforço", o que o levou a cometer erros com seu dinheiro. A construção de qualquer caminho sólido vem de muito estudo, muito trabalho e muita disciplina.

Este livro chega em boa hora. No pós-pandemia, o Brasil bateu recorde de endividados: setenta milhões de pessoas, segundo a Serasa. Um espanto. Dívidas trazem medo, estresse, ansiedade, uma série de consequências prejudiciais à saúde, diz o autor. No livro, você encontra nove passos para se livrar das dívidas e, aos poucos, ir construindo a sua riqueza. Que é diferente para cada um. Para mim, é ter trilhado um longo caminho no jornalismo econômico, ser referência no meu país e ter tido a honra de escrever o prefácio deste livro. Isso é riqueza.

Juliana Rosa
Jornalista e comentarista de economia
do grupo Bandeirantes.

Prólogo

Espero ser capaz de explicar e expressar nestas linhas o que penso de Nacho e o que sinto por ele. Escrevo este prólogo sentado em um avião de Barcelona para Nova York, onde vou comentar o Aberto dos Estados Unidos de Tênis. Viajo daqui para lá. E esse poderia ser um dos muitos pontos em comum que tenho com meu amigo Nacho, o modo de vida que escolhemos: viajar, nos movimentar, experimentar e sermos livres para decidir o que fazer com nosso tempo.

A primeira coisa que sinto quando falo dele é paixão pela vida. Faz vinte anos que eu o conheço, e ele sempre teve os olhos muito brilhantes, com a luz e o resplendor próprios de alguém com grandes inquietações, curioso e com vontade constante de melhorar.

Nós nos conhecemos no clube Set Ball Tennis de Sant Cugat. O tênis está presente na família de Nacho desde que ele era pequeno, é um esporte que os encanta, e por mim, como tenista profissional, ele sempre demonstrou grande admiração e respeito: ele ia me ver treinar e se aproximava, observava, comentava. Era um garoto muito educado, extremamente educado, e tinha um olhar que irradiava esperança.

Hoje, quando falo com ele, cada vez que nos encontramos e ele me conta sobre seus novos projetos e empreendimentos, continua com o mesmo olhar, o mesmo brilho nos olhos, a mesma inquietação.

Nacho é um espírito rebelde e livre, tem uma comunicação muito honesta, e isso se reflete sempre em seu trabalho: ele se apresenta como é, não tenta agradar aos outros, não se esconde e causa um grande impacto em quem o lê ou escuta, não deixa ninguém indiferente. Essa é uma de suas características mais autênticas.

Eu me lembro que em certas ocasiões, na época em que ele trabalhava como jornalista, até a mim chamava a atenção como se metia em problemas: gerava agitação entre as pessoas, abordava assuntos incômodos e, mais uma vez, seu público não ficava indiferente.

Ele era fiel a si mesmo, seguia seu instinto e falava o que sentia, pensava ou investigava.

Nos últimos anos, motivado pelo inconformismo e pela curiosidade que o caracterizam, Nacho empreendeu uma interessante transformação pessoal e profissional: deixou de lado a feroz competição à qual a sociedade atual nos obriga e construiu sua própria vida com suas próprias regras.

Hoje não restam dúvidas de sua realização profissional, e seus resultados são valorizados por seus clientes e seguidores. Não nos deixemos enganar: todo mundo gosta de ser reconhecido, não para que encham seus ouvidos com "Como você é bom", mas pelo prazer de sentir-se útil ajudando outras pessoas. É verdadeiramente gratificante perceber que seu propósito chega ao mundo. E Nacho está vivendo esse momento.

Aprofundar a descoberta de si mesmo, viver em países diferentes, como a Costa Rica ou a Indonésia, e empreender negócios, cercar-se de gente inspiradora e sair da dinâmica em que vivia o ajudaram a ser alguém diferente, com uma sabedoria muito mais profunda e uma visão de vida diversa da que tinha anos atrás. Ele se transformou em uma pessoa abundante, realizada e com tranquilidade econômica.

Prova disso é este livro. *Dinheirograma* vai ajudar você a se conhecer melhor, a entender sua relação com o dinheiro e a se encaminhar para uma vida mais plena e abundante. Nacho o acompanha passo a passo ao longo de suas páginas para que você consiga alcançar a verdadeira riqueza em âmbito pessoal e econômico.

Gosto muito da forma como ele explica a relação de cada tipo de personalidade com o dinheiro e como expõe, através de histórias e casos pessoais, sua própria mudança pessoal e econômica.

Desejo de coração que as pessoas leiam este livro com o mesmo entusiasmo com o qual eu o li e com a paixão que Nacho sempre transmite em tudo. Essa é a chave da vida: encontrar algo que nos apaixone, que nos dirija a algum lugar, seja o que for e o que cada um sinta.

Estas páginas serão de grande ajuda para você alcançar sucesso em sua vida e tranquilidade financeira. Acho que encontrar o próprio caminho não significa ganhar sempre nem ser o número um do mundo em algo concreto. Tudo é muito mais simples.

Quando Nacho me propôs escrever este texto, ele me disse: "Ou você faz, ou o livro não terá prólogo." Não foi uma ameaça; ao contrário, foi um elogio. A qualquer outra pessoa eu teria dito não de imediato, mas por ter pensado em mim, e por ter esperado com paciência, ele me animou enormemente.

Fico entusiasmado por participar de um livro que será de muita utilidade para milhares de pessoas.

Aproveite e aprenda.

Um abraço,

Alex Corretja
Ex-tenista espanhol; atualmente é comentarista de TV e dá palestras motivacionais em empresas.

Introdução

Ninguém escapa da morte. Tampouco da relação com o dinheiro. A primeira deixamos nas mãos da vida. Por sua vez, do dinheiro somos nós que devemos cuidar.

Mas por que algumas pessoas acumulam dinheiro e outras o gastam de forma desenfreada? Por que há pessoas avarentas e contidas e outras generosas e desprendidas? Por que algumas pessoas geram dinheiro com muita facilidade e outras apenas sobrevivem ao dia a dia? Por que algumas planejam e controlam cada centavo em detalhes e outras vivem improvisando?

Cada pessoa tem uma maneira diferente de se relacionar com o dinheiro. Interagimos com ele em função de como somos. Ter uma relação boa ou ruim com o dinheiro não depende de sua inteligência, mas das crenças, condutas, medos e desejos que você tem em relação a ele, ou seja, do seu tipo de personalidade.

Ao longo deste livro veremos que, para alcançar a verdadeira riqueza, é preciso conhecer, compreender e dominar uma série de comportamentos mais que alguns conceitos técnicos sobre o dinheiro.

> Riqueza é ter o controle de minha vida.
> Tomar minhas próprias decisões e ter liberdade
> de agenda e tempo para decidir o que faço,
> com quem trabalho e com quem passo meu tempo.
> Isso é sinal de abundância.

Todos desejamos acumular riqueza, ter mais tempo livre e desfrutar de uma relação saudável com o dinheiro, mas antes de conseguir a tranquilidade econômica devemos conhecer a nós mesmos.

O problema é que muitas pessoas ficam aprisionadas nesse ponto porque não têm informação. Querem mudar sua relação com o dinheiro sem saber por onde começar. Sem um mapa, não é possível ver com clareza onde você está nem o caminho que deve percorrer para conseguir riqueza.

Depois de anos estudando e investigando o eneagrama, uma poderosa ferramenta de autoconhecimento cujas origens remontam a 2.500 anos, comprovei que esse é um dos sistemas mais precisos e certeiros para: 1) descobrir nossos pontos fortes e fracos, nossos talentos e as pedras nas quais tropeçamos com frequência, e 2) conhecer e melhorar nossa relação com o dinheiro.

Entretanto, até o nascimento do *Dinheirograma*, nunca haviam estudado o eneagrama com o objetivo de prosperar economicamente.

Identificar onde está a origem de seus conflitos econômicos, analisá-los e compreender seus comportamentos permitirá que você melhore sua situação financeira. Aqui você vai entender e aperfeiçoar sua relação com o dinheiro e, se tiver a capacidade de aplicar os nove passos que proponho nestas páginas, vai conseguir a verdadeira riqueza.

Dinheirograma torna visível, de forma clara e simples, nossos filtros, medos e desejos mais íntimos. Este livro nos mostra por que nos metemos em problemas com o dinheiro e também nos ensina a como atuar para encontrar uma situação financeira saudável e equilibrada em função de quem somos.

Diversos conceitos básicos de finanças pessoais são muito simples de entender, mas muito difíceis de colocar em prática para uma grande quantidade de pessoas. Em vários livros, ensaios e cursos, os especialistas recomendam que economizemos certo percentual de nosso salário, que pensemos em longo prazo, que controlemos nossos gastos, que tenhamos um orçamento, que estipulemos objetivos financeiros e aprendamos a investir.

Certo. Mas por que não conseguimos uma transformação real em nossa relação com o dinheiro se os passos a seguir são mais simples do que imaginamos? É muito fácil: porque o ser humano nem sempre age guiado por critérios objetivos. Uma mesma receita pode funcionar de maneira eficaz para muitos, mas não para todos. O que funciona para mim talvez pareça um absurdo para você. E vice-versa. Somos, pensamos e agimos de maneiras diferentes.

> O dinheiro é um espelho de quem somos e uma grande ferramenta para o autoconhecimento.

Apesar de o dinheiro ser neutro, nós não somos neutros em relação a ele. Porque também não somos em relação a nós mesmos. Na verdade, projetamos nossos medos, desejos, motivações, culpas e ansiedades no dinheiro. Por isso, direta ou indiretamente, ele tem sido a maior preocupação dos espanhóis desde que o Centro de Investigações Sociológicas (CIS) começou a fazer registros em maio de 1985.

Por não sermos neutros em relação ao dinheiro, ele nos tira de nosso centro. Cedemos poder a um pedaço de papel sem perceber que somos nós que agregamos a ele nossas crenças e nos deixamos arrastar por elas.

Este livro nasce com o objetivo de mostrar que uma maneira nova e diferente de nos relacionarmos com o dinheiro é possível. Podemos transformar nossa mentalidade para trabalhar e viver a nosso favor, não contra nós.

Mas não devemos começar a casa pelo telhado. Precisamos nos compreender, tornar consciente o inconsciente e ter um plano de vida para alcançar nossos objetivos econômicos.

Conhecer e compreender a si mesmo e melhorar suas finanças pessoais para conseguir mais liberdade na vida é possível se você sabe de onde está partindo, que passos deve dar e para onde ir.

Este livro propõe a você conhecer amplamente o eneagrama, identificar seu eneatipo ou tipo de personalidade, saber como se relacionar com o dinheiro e, a partir daí, construir um estilo de vida em função de quem você é, do que você gosta e do que deseja.

Com uma metodologia prática e com os pés no chão, compartilharei o mapa econômico que eu mesmo segui ao longo dos últimos anos para passar de um ignorante financeiro a alguém que tem o controle da própria vida.

Atualmente, decido o que faço com meu tempo e com quem trabalho ou não. Tenho tranquilidade financeira e o estilo de vida que comecei a idealizar há mais de uma década: livre e sem muitas amarras.

Mas não sou um guru nem me acho mais inteligente que ninguém. Isso não aconteceu num piscar de olhos, pelo contrário, levou anos de estudos, investigação, constância e determinação. E, durante esse tempo, vivi penúrias econômicas, momentos de grandes crises pessoais e diferentes reinvenções profissionais.

Desde que empreendi pela primeira vez, há mais de 12 anos, minha formação não parou. Estudei jornalismo na Universidade Autônoma de Barcelona, fiz diversos MBAs (inteligência financeira, marca pessoal, desenvolvimento pessoal e liderança), me formei coach empresarial, fiz uma diversidade de cursos sobre capacidades emocionais (eneagrama, coaching, programação neurolinguística etc.) e investiguei diariamente a psicologia do dinheiro.

Apesar de toda a formação acadêmica e teórica, os maiores aprendizados ocorreram quando empreendi. Paralelamente e sem que eu percebesse, também comecei um processo de autoconhecimento e crescimento pessoal.

Durante o processo, me deparei com uma dura realidade: pouquíssimas pessoas sabem se relacionar de forma saudável com o dinheiro. E eu era uma delas. Por isso não me restou outra opção senão a de assumir minhas finanças pessoais, traçar um plano econômico e começar a investir meu dinheiro.

E eu consegui.

Com o objetivo de conquistar a verdadeira riqueza, vou acompanhá-lo ao longo de nove passos para que você também alcance seus objetivos econômicos. Não os estabelecidos por seu vizinho, não os sugeridos por seu companheiro nem os de seus pais. Os seus, em função de como você é.

Poupar mais, gerar maior renda, mudar nossas crenças sobre o dinheiro, sair das dívidas, aumentar o colchão de tranquilidade econômica, criar oportunidades de negócio, encontrar rentabilidades e investir com consciência é mais simples do que você imagina. Mas é preciso seguir um caminho, ter organização e compromisso.

Toda transformação começa com uma mudança de mentalidade e uma grande tomada de consciência. O objetivo deste livro é que você consiga levar a vida que deseja tendo o controle de seu dinheiro. Sem medos, sem aflições nem ansiedade.

Deitar a cabeça no travesseiro à noite e dormir em paz sabendo que suas finanças estão saudáveis produz felicidade, reforça sua autoestima e faz com que você tome melhores decisões pessoais, profissionais e econômicas.

Aqui você vai encontrar o passo a passo para obter a verdadeira riqueza, que consiste em ter o controle de seu tempo e ser dono de sua vida, para que ninguém nunca mais lhe diga o que fazer, como fazer, quando e em que condições.

Independentemente se você trabalha por conta própria ou para terceiros, o método proposto em *Dinheirograma* vai lhe ser útil. Comecei a aplicá-lo quando era funcionário e acabei montando minhas próprias empresas.

Mas esse é meu caminho, não quer dizer que seja o correto, nem o que todo mundo deseja. É apenas o que descobri graças a um processo de autoconhecimento. À medida que avançarmos, você vai descobrir o seu, que é o que realmente importa.

Sua mente resiste

No início de minhas propostas digo que, por favor, ninguém ache que venho impor uma maneira de pensar, fazer ou sentir. Muito pelo contrário. Escrevo e me comunico com base em anos de investigação sobre como nos relacionamos com o dinheiro e também graças à minha própria experiência econômica.

No começo é possível que sua voz interior se oponha a determinados conceitos ou percepções, mas isso faz parte do processo normal na hora de fazer as pazes com o dinheiro. Nosso ego resiste à mudança. Pode até mesmo ser doloroso olhar para o passado e entender como você se comportou, os erros econômicos que cometeu e as decisões ruins que o levaram a um ponto de ansiedade e sofrimento.

Mas não estamos aqui para nos autoflagelar, e sim para nos situar, aceitar o que passou, entender o presente e olhar adiante para garantir um futuro melhor.

Você pode até sentir que não sabe nada de finanças, que é mais "de humanas", que tem medo de ver a realidade como está vendo ou que acredita que os conceitos econômicos são difíceis de assimilar. Compreendo porque passei por isso. Eu sentia o mesmo. Tinha um descontrole total de minha economia, pensava que não entendia de números e nem sequer ousava abrir uma conta bancária — e frequentemente estava à beira da falência.

O mais fácil era remendar a situação, olhar para o outro lado e abandonar a partida. Entretanto, percebi que precisava de uma transformação real, amadurecer e me encarregar de minhas finanças.

Eu não controlava meu dinheiro, e isso significava que ele me controlava. Eu era sua marionete. Comecei a me formar, a ler, estudar, provar, poupar, ganhar mais dinheiro, mudar minhas crenças, compreender meus comportamentos, criar negócios e investir.

Não foi da noite para o dia, mas um processo integral de transformação com base no conhecimento de meus comportamentos, desejos, medos e motivações.

Anos atrás, quando lia ou escutava sobre pessoas de sucesso, não acreditava nem sentia que era possível alcançar tudo o que explicavam. Pensava que, no meu caso, seria impossível. Mas aqui não se trata de acreditar, trata-se de experimentar e passar para a ação. Aplique o que vai ler e verá o que acontece em sua vida, em sua economia e com sua alegria.

Hoje posso dizer que, depois de tantos anos, durmo tranquilo, trabalho com aquilo que me apaixona, ganho dinheiro com isso e sou feliz. E essa mudança é o que quero contar nestas linhas, para que você possa se inspirar a viver melhor e ter tranquilidade econômica.

Um processo de transformação

Veja bem, não procure mudanças instantâneas. Isso não é como entrar em um quarto escuro, apertar o interruptor e imediatamente tudo se iluminar. Este é um processo que leva anos e talvez não acabe nunca. Quem sabe?!

Mas como é bonito percorrer o caminho até a verdadeira riqueza com consciência, prazer e saboreando os avanços pessoais, profissionais e econômicos.

Este não é um livro grande e técnico. Não gosto de enrolar, quando em menos de trezentas páginas posso lhe contar, em uma linguagem clara e simples, tudo o que investiguei durante anos.

É um livro pensado para que você chegue até o fim, já que a maioria abandona a leitura pela metade. Meu desejo é que encontre seu caminho, aquele que faça você se sentir bem e lhe seja útil.

Estou convencido de que, se você aplicar os conhecimentos apresentados aqui, vai transformar sua vida. Mas insisto: não se trata apenas de uma leitura, é preciso botá-los em prática. O conhecimento se transforma em sabedoria quando somos capazes de agir e aplicar no dia a dia o que foi aprendido.

Nesse processo de desenvolvimento pessoal, você vai descobrir como quer viver, que relação tem com o dinheiro e o que deve fazer para alcançar seu estilo de vida ideal. Você vai utilizar o que funciona e descartar o que não é útil.

É provável que você já tenha lido livros sobre eneagrama, dinheiro, finanças, estilo de vida ou desenvolvimento pessoal. Muitos proporcionam uma breve carga de energia e muita motivação. O problema na maioria dos casos é que isso desaparece muito rápido, e sua vida continua como era antes. Muita empolgação, poucos resultados.

Aqui, porém, você vai encontrar um caminho de vida prático que levará um tempo para ser implementado, mas garanto que pode mudar sua vida de forma surpreendente. Fiz isso comigo e com meu círculo de amigos e familiares mais próximos, por isso sei que funciona.

E as coisas nem sempre correram bem para mim. Sobrevivi a uma época em que recebia apenas duzentos euros por mês, estava perdido em termos de trabalho, não tinha dinheiro para viver e chorava (literalmente) pelas esquinas porque não via escapatória para a minha vida medíocre e de escassez.

A péssima relação que tinha com o dinheiro me fazia escravo de comportamentos e trabalhos precários. O dinheiro era, em grande parte, o motor de minha insatisfação crônica. Eu vivia com medo, com ansiedade e com angústia econômica devido à minha ignorância financeira.

Mas algo em mim sabia que eu podia viver de maneira diferente. Eu queria muito sentir abundância, prosperidade e liberdade. Entretanto, eu não estava preparado. Havia coisas que me escapavam.

Ainda me resta muito caminho a percorrer e muito a aprender (por sorte). Vou morrer, na idade em que tiver de morrer, sendo um eterno aprendiz, digo isso de coração. Mas aqui vou compartilhar tudo o que experimentei e cultivei nos últimos anos sobre dinheiro e emoções, para que você também possa se sentir mais livre e abundante.

Vamos!

Como utilizar este livro

Graças à valiosa transformação proposta por *Dinheirograma*, você vai compreender, tornar mais saudável e melhorar sua relação com o dinheiro por meio do eneagrama. Vai viver um processo integral de inteligência econômica.

Na primeira parte do livro, vou descrever o eneagrama em nível geral. Apresentarei os conceitos e características mais importantes da ferramenta, assim como uma breve descrição, sem entrar em detalhes, dos nove tipos de personalidade que existem.

Minha intenção não é me aprofundar de forma rigorosa na ferramenta, para isso há muitos outros livros, informações específicas no meu site, https://nachomuhlenberg.com/,* e muito conteúdo na internet.

Por isso o estilo deste livro não é narrativo, ele está estruturado como um guia. O objetivo é que seja um material informativo fácil de ler e que possa ser consultado de vez em quando de maneira simples.

Incentivo você a ler e a descobrir todos os eneatipos ou tipos de personalidade, além daquele com o qual você se identifique, já que vai encontrar muitas respostas a desejos, motivações, talentos, medos e comportamentos, tanto os seus quanto os das pessoas que o cercam.

Na segunda parte, vou falar de forma específica sobre como cada tipo de personalidade se relaciona com o dinheiro. O que funciona, que aspectos deveriam melhorar, os erros que podem cometer com o dinheiro, como se conectam com a fartura e a escassez, seus desejos econômicos e seus medos monetários. Essa parte também está estruturada em forma de guia para que seja fácil de ser assimilada.

Na última parte, vou deixar a teoria de lado e aplicar tudo no dia a dia, por meio de nove passos que vão mudar de maneira radical sua relação com o dinheiro e com a vida. O objetivo é que você conquiste a verdadeira riqueza, para que seja dono de seu tempo e viva em paz. Em resumo, para que você obtenha mais felicidade vivendo a vida que realmente deseja.

---

* Todo o material disponibilizado pelo autor em seu site está em espanhol. (N.E.)

Primeira parte
O eneagrama

UM MAPA DE SUA PERSONALIDADE

O primeiro passo para melhorar sua relação com o dinheiro consiste em saber como você é. Você não pode começar a correr (melhorar sua relação com o dinheiro) sem saber como caminhar (como você sente, pensa e age). O eneagrama é uma ferramenta de autoconhecimento que permite a você se conhecer profundamente, de forma clara e simples.

Trata-se de uma grande entrada para o mundo do descobrimento de si mesmo, com a vantagem de ser muito acessível, mas ao mesmo tempo capaz de nos fazer mergulhar em nossas profundezas graças à sua riqueza.

O eneagrama é um sistema que permite que você entenda sua forma de ser e a dos outros, descrevendo nove tipos de personalidade com seus respectivos pontos fortes e fracos. É uma espécie de mapa de nossa vida interior, que nos ajuda a reconhecer por que somos como somos e que caminho podemos seguir para viver uma vida mais plena.

Além disso, ele nos permite melhorar a relação com os outros, já que acessamos informações sobre os comportamentos humanos. As relações com familiares, amigos e colegas de trabalho melhoram sensivelmente no momento em que entendemos por que os outros fazem o que fazem, pensam de um modo determinado e agem em consequência disso.

Cada tipo de personalidade ou eneatipo tem suas próprias virtudes e defeitos. Quando os conhecemos, nós nos tornamos conscientes de que existem nove formas de nos relacionarmos conosco, com os outros e com a vida. Cada pessoa tem seus filtros.

Minha vida mudou no dia em que conheci esta ferramenta e me aprofundei nela. Isso resultou em um grande impacto que me ajudou a melhorar minha vida e a aprimorar minha inteligência emocional, termo popularizado por Daniel Goleman, que o descreve como a capacidade de reconhecer emoções — tanto próprias quanto dos outros — para gerir com eficiência as respostas a elas. Pode-se dizer que é um conjunto de habilidades que permite uma reação melhor ao que acontece tanto de forma interna quanto externa.

O aprofundamento em nós mesmos nos ajuda a nos compreender melhor, a encontrar soluções para não tropeçar sempre na mesma pedra e avançar na estrada da vida. O estudo da personalidade (a máscara que usamos desde criança e que nos permite que nos adaptemos a nosso ambiente) não é mais que um grande ponto de partida para a descoberta de respostas que não soubemos encontrar anteriormente.

Essa ferramenta poderosa não propõe que usemos rótulos para nos limitar e separar as pessoas de acordo com os diferentes comportamentos. Isso seria uma análise simplista e um mau uso do eneagrama. Ao contrário, ela é uma proposta para ver a vida a partir de uma perspectiva mais ampla, entendendo que não somos concretamente um número nem um eneatipo, mas que isso é apenas o ponto de partida para nos compreendermos melhor.

Com as pessoas do seu mesmo eneatipo, você vai compartilhar motivações, desejos, medos, formas de se comunicar, e vocês vão ver o mundo de uma perspectiva semelhante. Mas, veja bem, cada pessoa é única, diferente e tem inquietações individuais, e tudo isso torna impossível, obviamente, afirmar que duas pessoas são idênticas pelo simples fato de terem o mesmo tipo de personalidade.

O nível de maturidade, de consciência, o tipo de educação de cada um, os valores culturais absorvidos e traços mais específicos, como ser mais ou menos comunicativo, entre outras coisas, fazem a complexidade aumentar.

O comportamento humano não é matemática, em que dois mais dois são quatro. Por isso não se pode falar de traços firmes e rígidos. O eneagrama, apesar de estar dentro de parâmetros que vou explicar em seguida, está sujeito à experiência de cada indivíduo.

O que está claro é que quando você entende seu tipo de personalidade, sua vida começa a mudar, já que você começa a acelerar no caminho do autoconhecimento. A desordem interna vai se organizando, o que permite percorrer um caminho de vida mais equilibrado, tranquilo e consciente.

Origem e expansão

Em geometria, o eneagrama é uma figura plana de nove pontas. A palavra vem do grego: *enea* representa o número nove e *grama* significa "linhas". Embora não se saiba quem desenhou o primeiro eneagrama, acredita-se que suas raízes remontam à Grécia Antiga.

Na Europa ele foi introduzido pelo místico e escritor russo George Gurdjieff em torno de 1920, e depois personagens relevantes como Óscar Ichazo e Claudio Naranjo, entre outros, popularizaram a ferramenta nos Estados Unidos, na América Latina e no resto do mundo.

Atualmente, o eneagrama é uma das ferramentas mais populares e eficazes de autoconhecimento. Além disso, é cada vez mais frequente encontrar empresas, tanto pequenas e médias quanto multinacionais, que utilizam esse sistema na hora de contratar pessoas e melhorar o ambiente de trabalho.

Ele também é utilizado por psicólogos, coaches, terapeutas, médicos, professores, advogados, entre outros, em busca de melhores resultados pessoais e profissionais.

O símbolo

As nove pontas do eneagrama se dividem em três figuras principais.

Um círculo, que une todos os eneatipos e mostra que tudo está conectado, representando a unidade, a totalidade.

Um triângulo, que une os eneatipos Três, Seis e Nove e significa que a realidade não se constitui de polos opostos, que nem tudo é preto no branco, mas nos convida a refletir sobre os tons de cinza e os tons intermediários.

E, por último, uma forma de seis pontas que conecta os eneatipos Um, Dois, Quatro, Cinco, Sete e Oito. Ela representa a mudança constante e o movimento na vida. Nada é estático, tudo se transforma.

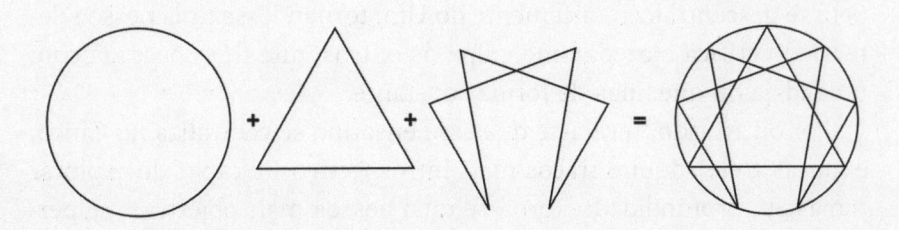

Setas

Todo eneatipo está conectado por meio de duas setas a outros dois eneatipos. Essas setas são como cordões umbilicais que os unem a outros tipos de personalidade de cujos comportamentos, medos e desejos nos alimentamos ao longo da vida.

As setas nos ensinam as diferentes possibilidades que temos de adaptar condutas e padrões dos eneatipos com os quais estamos entrelaçados. Fala-se de "centralização" para se referir a como se comportam os eneatipos em seus melhores momentos e de "descentralização" para os momentos de estresse.

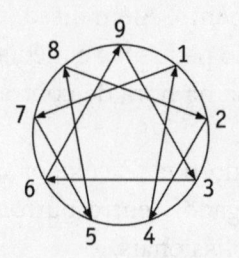

Isso significa que em momentos de sorte, libertação e realização (centralização), você se dirige à essência de outros eneatipos e adapta os aspectos e condutas mais positivos das duas setas com as quais está conectado. Ou seja, um eneatipo Sete pode se apropriar das melhores condutas e comportamentos dos tipos Um e Cinco.

Ao contrário, em momentos de tensão, estresse e nervosismo (descentralização), é provável que de forma automática você caia na parte mais obscura e inconsciente das duas setas e tenha resultados emocionais negativos. Seguindo com o exemplo anterior, o Sete também teria as piores condutas e comportamentos dos tipos Um e Cinco.

Essa visão particular do eneagrama está distante do que a maioria dos autores e especialistas diz sobre uma única centralização e uma única e rígida descentralização. A teoria popular diz que o eneatipo Sete se descentraliza unicamente do Um, tornando-se uma pessoa demasiado crítica e azeda, que culpa os outros, que fica obcecada com uma ideia ou que julga de forma constante.

Por outro lado, revela-se que esse eneatipo se centraliza no Cinco, e graças a ele adquire traços mais introspectivos, é capaz de explorar temas em profundidade, torna-se uma pessoa mais objetiva e se permite entrar em contato com seus medos.

Tudo isso não deixa de estar certo. Entretanto, estamos vendo apenas um lado da moeda. Essa visão limitada impede que os eneatipos acessem comportamentos que podem ser alcançados, assumidos e naturais em sua essência.

Minha visão, mais integrada, holística e flexível, e apoiada na análise dos mais de dez mil alunos que passaram por meus cursos, propõe uma abordagem mais justa e coerente e fala de uma bidirecionalidade das setas.

Desse modo, continuando com o exemplo anterior, o eneatipo Sete se centraliza e descentraliza tanto no Um quanto no Cinco. O eneatipo Um não apenas "prejudica" o eneatipo Sete, mas, graças à bidirecionalidade das setas, o Sete é capaz de se tornar mais produtivo, de passar à ação, de avaliar sua opinião com mais sabedoria e de se interessar mais pelo bem-estar do outro do que por agradar a si mesmo.

Além disso, esse eneatipo não apenas se beneficia dos bons comportamentos do Cinco, mas também se descentraliza dele escapando de suas responsabilidades, impondo suas teorias sobre os outros, chegando a se isolar do mundo quando tem problemas.

Você já sabe: não pretendo impor um ponto de vista nem ditar verdades. Escolha a visão que seja mais útil e tenha mais sentido para você. O que o faz evoluir como pessoa e melhorar seus relacionamentos vai ser o correto para você.

Asas

Assim como as setas afetam os comportamentos aos quais está ligado um eneatipo, as asas fazem com que os números vizinhos dos dois lados do símbolo também influenciem no tipo de personalidade. Isso acontece tanto na essência quanto no lado obscuro.

Sendo assim, um eneatipo Dois, por exemplo, cujas asas são o Um e o Três, pode ser influenciado e adotar comportamentos, desejos, medos e atitudes de seus números vizinhos.

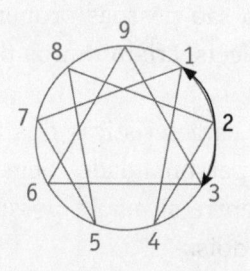

Geralmente se diz que existe uma asa dominante (exemplo: "Sou eneatipo Dois com asa Três"), mas em um eneagrama flexível como o que proponho é normal ver pessoas dizerem que não se identificam com nenhuma asa concretamente, porém se sentem bem com as setas. Outras até dizem que, ao realizar a viagem de autoconhecimento, chegam à conclusão de que as duas asas os afetam por igual.

Nos dois casos a abordagem seria correta, já que é uma maneira de viver o eneagrama sujeita à experiência de cada pessoa. Não há verdades absolutas, apenas meras possibilidades de trilhar um caminho de autodescobrimento e desenvolvimento pessoal, profissional e econômico.

Sentimentais, mentais e viscerais

Os nove tipos podem ser agrupados em trios. Esses contêm os três elementos básicos da psique humana: sentimento, pensamento e instinto.

Isso quer dizer que, dentro de cada trio, os eneatipos compartilham características, padrões de conduta, crenças, medos, hábitos ou necessidades básicas.

Os eneatipos Dois, Três e Quatro formam o trio do sentimento, e quando se sentem sob pressão põem em funcionamento a área do cérebro associada às emoções, o sistema límbico. O objetivo desses eneatipos é obter reconhecimento e afeto.

Os eneatipos Cinco, Seis e Sete pertencem ao trio do pensamento, são os mentais, associados à área cerebral chamada neocórtex. Isso não quer dizer que eles sejam mais inteligentes que os outros, e sim que possuem uma mente que não para e vivem mergulhados em suas ideias e projeções.

Por último, os eneatipos Oito, Nove e Um formam o trio do visceral, o do instinto, que está ligado ao cérebro reptiliano. Eles estão relacionados com as áreas mais ancestrais do cérebro, as encarregadas da sobrevivência, por isso são pessoas propensas a entrar em ação. Assim, nos momentos difíceis, criam muros para que nada nem ninguém tenha acesso a eles.

Todas as pessoas têm características dos três trios, independentemente de seu tipo de personalidade. Sentimentos, pensamentos e instinto se relacionam entre si; não é possível trabalhar um deles sem influenciar os outros dois.

Para aprofundar mais esse tema, quero presentear meu leitor com um vídeo no qual eu explico quais são as dez chaves para compreender o eneagrama de forma correta. Você vai encontrá-lo em www.nachomuhlenberg.com/recursos.

1
OS NOVE ENEATIPOS

Segundo o eneagrama, há nove tipos de personalidade dominante. Cada um deles corresponde a um eneatipo e tem características específicas.

Apesar de todos nós termos características de diversos eneatipos, algumas tendências no comportamento são inatas, se manifestam com facilidade e de forma automática.

Vejamos as singularidades de cada um, e descubra qual é seu eneatipo dominante.

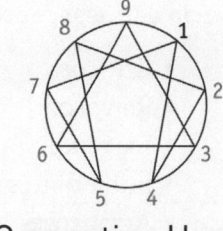

O eneatipo Um

Características gerais

Os Um geralmente são responsáveis, dedicados e muito trabalhadores. Costumam estabelecer um padrão muito alto para o que tanto eles quanto os outros fazem ou dizem. Esforçam-se para ser perfeitos, para seguir regras e leis e para ter suas coisas em ordem e sob os parâmetros do que consideram correto.

Eles têm a sensação de que as coisas nunca estão suficientemente bem-feitas e se irritam com a mediocridade que os cerca. Considerando que nada chega a estar perfeito, tendem a ser críticos, raivosos e frustrados.

Em situações de estresse, tornam-se turrões, infantis e se vitimizam. Vivem presos em uma nuvem de mau humor e amargura que faz com que acreditem que se divertir, rir ou simplesmente sentir prazer em viver fará com que se tornem pessoas irresponsáveis.

Equilibrados, são:

- Organizados
- Justos
- Confiáveis
- Sábios
- Generosos
- Metódicos
- Sinceros
- Honrados

Sob estresse, são:

- Críticos
- Raivosos
- Exigentes
- Intolerantes
- Arrogantes
- Inflexíveis
- Controladores
- Irritadiços

Aspectos positivos de ser um Um:

- A responsabilidade com que fazem seu trabalho.
- O esforço e a dedicação em tudo o que fazem.
- A honestidade e a franqueza com as quais agem e se expressam.
- A autodisciplina e a constância em seu dia a dia.
- Os princípios elevados e valores muito definidos que demonstram.
- O esforço para melhorar o mundo.
- A praticidade na hora de alcançar objetivos.
- A capacidade de ter a consciência tranquila.

Aspectos menos agradáveis de ser um Um:

- O pessimismo e a negatividade com os quais veem as coisas.
- As críticas e as reclamações constantes de tudo o que contraria suas crenças.
- O aborrecimento que sentem porque estão cercados de gente inútil e medíocre.
- O excesso de responsabilidade porque não são capazes de delegar tarefas.
- A falta de flexibilidade na hora de ver e aceitar diferentes pontos de vista.
- Exigem demais de si mesmos e se criticam porque suas ações nunca parecem ser suficientemente corretas.
- Não se consideram admirados nem valorizados pelo que fazem.

O que move seus comportamentos: a perfeição. Eles desejam ser perfeitos, agir corretamente e fazer bem as coisas. Agem, trabalham e tomam decisões com o objetivo de não parecerem irresponsáveis e pouco confiáveis.

Ponto fraco: a ira. Ela aparece quando eles são incapazes de aceitar as coisas como são. Às vezes, a ira está reprimida, já que expressá-la seria mostrar ao exterior uma imagem de imperfeição. Isso degenera em uma frustração contínua que faz com que eles estejam insatisfeitos e amargurados consigo mesmos, com os outros e com o mundo.

Objetivo emocional: a serenidade. A aceitação de si mesmos, de outras pessoas e do mundo que os cerca. Isso não significa a anulação das emoções, mas um estado de consciência que permite que eles se sintam bem no presente.

Calcanhar de aquiles mental: o ressentimento. Ele aparece quando consideram que não houve um reconhecimento justo do esforço, da entrega e da dedicação a seu trabalho ou a seu envolvimento em uma relação.

Qualidade a que aspiram: a aceitação. Isso consiste em aceitar o que está acontecendo de um ponto de vista mais neutro, sem tantas conotações negativas. Significa respeitar pontos de vista diferentes, sabendo que a opinião pessoal não é a única válida, mas que há várias formas de interpretar a realidade.

O que provoca estresse: a falta de controle e a desorganização.

Medo básico: de serem considerados pessoas ruins, corruptas, pouco confiáveis e sem palavra.

Desejo básico: não ter defeitos, ter razão, ser perfeito e sentir que tudo caminha corretamente.

Uma característica de destaque: o detalhismo. Eles são precisos, metódicos e lógicos. Gostam de fazer as coisas bem, com rigor. Tomam decisões claras, práticas e com convencimento moral. Nessa busca da perfeição, os detalhes são importantes, e eles sentem que podem determinar uma diferença no que fazem.

O que valorizam nas outras pessoas: o envolvimento, a honestidade, a responsabilidade, o respeito pelas regras e a praticidade.

O que os incomoda nas outras pessoas: a mudança frequente de opinião, o desrespeito às regras, o descumprimento da palavra, a mediocridade e a ineficácia.

Como irritam os outros: com a crítica, o protesto, o vitimismo, a rigidez, o pessimismo, a exigência e o perfeccionismo.

Como abordam os problemas: a partir da justiça, da honra. "A lógica e o senso comum devem imperar. Vamos ser práticos e fazer o que é necessário."

É difícil ter consciência: da quantidade de suas reclamações e das consequências que isso traz para as pessoas à sua volta.

Como se comunicam: costumam ensinar, exigir, pressionar, criticar, argumentar, discutir, insistir, educar e repreender. Podem parecer aborrecidos. Têm convicções e ideias claras. Não costumam hesitar e são até mesmo capazes de levantar o indicador como se estivessem dando ordens.

Pedra na qual tropeçam com frequência: a condenação. A emissão de juízos de valor contra pessoas, situações ou ações que não estão de acordo com sua forma de pensar. Eles convertem isso em crítica e reclamação constantes, o que gera conflitos pessoais e de relacionamento.

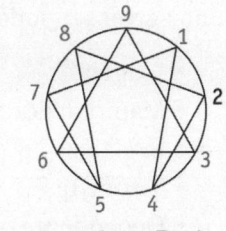

O eneatipo Dois

Características gerais

Os Dois sentem necessidade de serem amados e valorizados. Geralmente são seres dedicados a outras pessoas. Eles apoiam, ajudam, acompanham e têm palavras positivas para familiares, amigos e conhecidos.

São estimulantes, carinhosos, generosos e costumam gerar e transmitir confiança. Geralmente são empáticos, se esforçam para se conectar com os outros e fazem todo o possível para descobrir os desejos e as necessidades daqueles que os cercam.

Em situações de estresse, tornam-se exigentes com os outros e podem chegar a ser manipuladores e acusadores. Intrometem-se na vida alheia e se vitimizam ao levar as coisas para o lado pessoal.

Também é possível que considerem que não recebem todos os elogios que merecem. Eles procuram ser queridos, valorizados e reconhecidos pelos outros.

Equilibrados, são:

- Generosos
- Empáticos
- Dedicados
- Solidários
- Carinhosos
- Próximos
- Apoiadores
- Altruístas

Sob estresse, podem chegar a ser:

- Exigentes
- Manipuladores
- Invejosos
- Vitimistas
- Dependentes
- Orgulhosos
- Soberbos
- Aduladores
- Intrometidos

Aspectos positivos de ser um Dois:

- A facilidade em se conectar com as pessoas.
- A empatia com os outros e a habilidade em dar apoio.
- A capacidade de ter muita energia e compartilhá-la com as outras pessoas.
- A entrega desinteressada para ver as pessoas queridas contentes e satisfeitas.
- São protetores e defensores de seus amigos, das pessoas das quais se ocupam.
- A habilidade excepcional para compreender as necessidades emocionais dos outros.
- A adaptabilidade às circunstâncias, ao ambiente e às pessoas.
- O senso de humor, a conexão com sua criança interior e a vontade de se divertir.

Aspectos menos agradáveis de ser um Dois:

- Não reconhecem as próprias necessidades por medo de parecerem egoístas.
- Dedicam-se aos outros antes de pensarem em si mesmos.
- Acham que quanto mais ajudam mais são apreciados.
- São incapazes de dizer não por medo de ficarem mal.
- Sentem-se esgotados por todo o esforço que fazem pelos outros.
- Não são capazes de impor limites.

- Tornam-se responsáveis pelos sentimentos dos outros.
- Esforçam-se demais para se conectar com outra pessoa quando a relação não flui.

O que move seus comportamentos: a intenção profunda da maioria de seus comportamentos é se conectar com os outros. Os Dois não querem ficar desconectados nem isolados emocionalmente.

Ponto fraco: a soberba. Pensar que sabem do que o outro precisa, ter convicção disso e se esquecer de suas próprias necessidades. Os Dois acreditam ser indispensáveis para a sobrevivência de outras pessoas.

Objetivo emocional: a humildade. Aceitar que os outros podem não precisar da ajuda deles e que isso não aumenta nem reduz seu valor pessoal.

Calcanhar de aquiles mental: a adulação. Depender dos outros, bajulá-los para que tenham uma boa imagem deles até o ponto de abandonar totalmente seus próprios sentimentos e necessidades.

Qualidade a que aspiram: a liberdade. Sentirem-se bem, mesmo sozinhos, sem necessidade de que os outros lhes deem carinho ou valor. Uma liberdade emocional que gere confiança em si mesmos.

O que provoca estresse: a falta de valorização e apreço.

Medo básico: serem indignos de amor.

Desejo básico: serem amados, valorizados e considerados pelos outros.

Uma característica de destaque: o vínculo. Os Dois têm uma capacidade única de gerar vínculos com outras pessoas. Eles têm empatia, compreendem e se colocam no lugar do outro, o que permite que forneçam ou digam aquilo de que os outros precisam.

O que valorizam nas outras pessoas: proximidade, honestidade, vontade de dividir, que contem com eles e que expressem seus sentimentos.

O que os incomoda nas outras pessoas: a falta de abertura emocional, a distância, a frieza e a rigidez.

Como irritam os outros: sendo invasivos, fazendo exigências, chantagens, com as emoções à flor da pele.

Como abordam os problemas: eles se envolvem, se interessam pelos outros e os priorizam. "Como posso fazer para ajudar você?"

É difícil ter consciência: das exigências sutis (e nem tão sutis) que estão constantemente impondo aos outros. Comportam-se como crianças malcriadas e mimadas quando não conseguem o que querem.

Como se comunicam: podem chegar a atormentar, a se intrometer, a adular em excesso e a concordar, por mais que não pensem igual aos outros, com o objetivo de se conectar. Não gostam de conflito direto, por isso seguem a corrente e não entram em um confronto desde o início. A princípio são suaves, doces e ternos ao se comunicarem, mas mostram um lado mais brusco quando ganham confiança.

Pedra na qual tropeçam com frequência: eles cedem seu valor pessoal. Os Dois deixam nas mãos de outras pessoas suas próprias decisões, tornam-se fantoches e entregam o poder de escolha a terceiros. É aí que cedem seu valor interior e se esquecem das próprias necessidades.

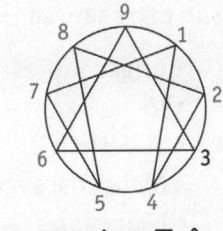

O eneatipo Três

Características gerais

Os Três são pessoas com grande confiança em si mesmas, ambiciosas, competitivas e trabalhadoras. Sentem-se motivadas pela necessidade de serem produtivas, de alcançar o sucesso e de evitar o fracasso a todo custo.

Eles se esforçam para se destacar. Valorizam o prestígio, a imagem e o status. São grandes motivadores, resilientes e tendem a encarar os problemas como desafios a serem superados, novos objetivos a alcançar.

Em situações de estresse, eles podem ser exagerados e contar mentiras, além de se mostrarem vaidosos, o que os leva a se apaixonarem pela imagem que os outros têm deles. Se desconectam de si mesmos para causar um grande impacto nas pessoas: precisam chamar atenção, serem vistos e exibir o que conseguiram.

Equilibrados, são:

- Motivadores
- Executores
- Apaixonados
- Resolutivos
- Eficientes
- Enérgicos
- Seguros
- Honestos

Sob estresse, são:

- Enganadores
- Viciados
- Superficiais
- Mentirosos
- Narcisistas
- Vaidosos
- Aproveitadores
- Trapaceiros

Aspectos positivos de ser um Três:

- A alta capacidade de superar os contratempos.
- A segurança em si mesmos e em suas decisões.
- Muita eficiência na hora de alcançar objetivos.
- Muita ambição em tudo o que fazem.
- A capacidade de se motivar e motivar os outros com facilidade.
- O grande senso de responsabilidade.
- O comprometimento no que fazem.
- Solucionam de forma prática os problemas que enfrentam.
- São amáveis, agradáveis, simpáticos e próximos das pessoas.

Aspectos menos agradáveis de ser um Três:

- Podem se esquecer de demonstrar empatia com as pessoas à sua volta.
- Desligam-se das emoções e se tornam "fazedores humanos".
- Competem com ferocidade e se esquecem de cooperar.
- Estão constantemente lutando e querendo se destacar dos outros.
- Comparam-se com outras pessoas por tudo o que alcançam e conseguem.
- Colocam máscaras diferentes para impressionar os outros.
- Consideram os outros e a si próprios produtos em vez de seres humanos.
- São capazes de mentir e falsear a realidade para conseguir o que desejam.

O que move seus comportamentos: os Três procuram se destacar dos outros para se tornarem os mais bem-sucedidos e os que vencem. Desejam se sentir valiosos, queridos e reconhecidos, e não fracassados e medíocres.

Ponto fraco: a mentira. Eles veem o mundo sob a perspectiva de se destacar e conseguir sucesso. Adaptarão a realidade para dar a melhor versão possível de si mesmos.

Objetivo emocional: a autenticidade. Estado interno no qual os Três se conectam consigo mesmos, se mostram verdadeiros e não têm a necessidade de interpretar um papel diante das outras pessoas.

Calcanhar de aquiles mental: a vaidade, a crença exagerada de que possuem habilidades e qualidades especiais. Eles têm um desejo incomensurável de serem admirados e considerados por isso.

Qualidade a que aspiram: desprendimento, não se apegar nem tentar controlar tudo. Ter a capacidade de soltar as rédeas e confiar no que a vida quer para eles.

O que provoca estresse: serem vistos como fracassados.

Medo básico: não atingirem aquilo a que se propõem e não serem valorizados.

Desejo básico: serem valiosos, bem-sucedidos e alcançarem suas metas.

Uma característica de destaque: a execução. Os Três põem em prática seus objetivos e são capazes de fazer aquilo a que se propõem.

O que valorizam nas outras pessoas: o sucesso, o prestígio, o status, a capacidade de ver negócios e oportunidades, a praticidade, a eficiência e a confiança.

O que os incomoda nas outras pessoas: a emotividade, a ineficácia, a falta de compromisso, não tentar e que não terminem suas tarefas.

Como irritam os outros: com egocentrismo, pressão, lições, comparações e alarde excessivo de suas próprias conquistas e sucessos.

Como abordam os problemas: vão direto ao ponto, são práticos e têm os pés no chão. "Vamos resolver problemas passo a passo.

Vamos nos concentrar nisso primeiro, depois fazemos o que vem em seguida."

É difícil ter consciência: da falta de autenticidade. Eles se metem em papéis que pouco têm a ver com sua própria essência, o que gera certa desconfiança em terceiros.

Como se comunicam: têm discursos motivacionais, alardeiam o que conseguiram e se gabam disso. Costumam passar uma imagem de prosperidade, fartura e sucesso em tudo o que fazem. São os reis dos contatos e criam vínculos que lhes interessam. Não se sentem confortáveis falando de emoções, pois acreditam que podem se sentir vulneráveis e fracos expondo-se de forma mais íntima.

Pedra na qual tropeçam com frequência: a perda de autenticidade. No momento em que põem a máscara, tornam-se camaleônicos e se concentram demais na imagem que vão passar para os outros. Esquecem-se de si mesmos, de sua própria autenticidade, e se conectam com outras pessoas desde que os enxerguem como eles pensam que elas gostariam de vê-los, e não como realmente são.

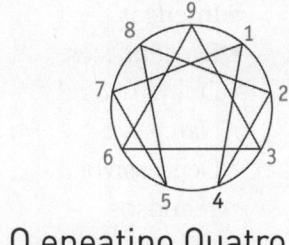

O eneatipo Quatro

Características gerais

Os Quatro são pessoas que experimentam seus sentimentos de forma intensa e gostam de levar uma vida pouco comum, fora do habitual. Eles se sentem confortáveis nos extremos das emoções, oscilam entre um lado alegre e vivo e outro mais melancólico e triste.

Eles se esforçam para ser únicos, especiais, para encontrar um significado na vida, e não querem permanecer como seres comuns, da multidão. São idealistas, criativos, mostram grande sensibilidade para a decoração e costumam ter um gosto estético muito particular.

Em situações de estresse, se tornam invejosos, desejando o que as outras pessoas são, sentem ou experimentam. Eles se menosprezam e têm baixa autoestima. Nas relações de casal, idealizam muito seu companheiro ou companheira e tornam-se dependentes emocionais.

Equilibrados, são:

- Introspectivos
- Criativos
- Intuitivos
- Sensíveis
- Disciplinados
- Acolhedores
- Inovadores

Sob estresse, são:

- Invejosos
- Ciumentos

- Intensos
- Egocêntricos
- Dramáticos
- Narcisistas
- Depressivos
- Teimosos

Aspectos positivos de ser um Quatro:

- A originalidade e a criatividade ao se exibir e se expressar.
- A capacidade de se sobressair e fazer coisas únicas e diferentes.
- A criatividade enorme e a visão alternativa à visão tradicional.
- O senso de humor especial.
- A capacidade de estabelecer conexões profundas e verdadeiras com as pessoas.
- A capacidade de se relacionar com os outros com empatia.
- A amabilidade e o apoio a seus entes queridos.
- A participação na vida dos outros e interesse por eles.

Aspectos menos agradáveis de ser um Quatro:

- Desejam o que não possuem.
- Têm mudanças de humor frequentes e radicais.
- Mergulham frequentemente na tristeza e no vazio existencial.
- Sentem-se atacados quando são mal interpretados.
- Caem na dependência emocional e no vitimismo.
- Encaram o papel de "ovelhas desgarradas" ou "patinhos feios" e se esforçam para serem diferentes do resto.
- Não deixam que os outros falem, acreditam que são mais importantes e especiais do que as outras pessoas.
- Chamam a atenção constantemente, chegando mesmo a adoecer.

O que move seus comportamentos: os Quatro se esforçam pela singularidade e fazem o impossível para encontrar um sentido particular na vida. Eles desejam ser queridos e valorizados por essas qualidades que os tornam tão diferentes dos outros.

Ponto fraco: a inveja. Não costumam sentir inveja material de outras pessoas, mas uma inveja focada na existência dos outros, na confiança que demonstram, no que têm em nível emocional mais que material. Eles situam o problema fora de si mesmos.

Objetivo emocional: o equilíbrio. E chegam a senti-lo quando conseguem estabilizar as emoções, não vivem em uma montanha-russa de sentimentos e são capazes de experimentar emoções mais simples, sem tantos altos e baixos.

Calcanhar de aquiles mental: a melancolia, um estado permanente de tristeza e desinteresse que consideram útil. Assim chamam a atenção e se sentem únicos, incompreendidos e diferentes quatro o resto das pessoas aparenta felicidade.

Qualidade a que aspiram: originalidade cotidiana. Entender que todos somos originais e únicos, mas que não é preciso levar ao extremo o papel de sermos diferentes em tudo o que fazemos, já que isso acarreta mais sofrimento que paz interior.

O que provoca estresse: sentirem medo do abandono e se sentirem incompreendidos.

Medo básico: não terem identidade, não serem especiais.

Desejo básico: autenticidade e estarem em paz sendo eles mesmos.

Uma característica de destaque: a originalidade. Os Quatro têm a capacidade de ver as coisas sob outro prisma, atuar de forma pouco convencional e se diferenciar do tradicional.

O que valorizam nas outras pessoas: a sensibilidade. Gostam que os escutem, que os levem em consideração, que valorizem sua extravagância e sua criatividade e que os elogiem.

O que os incomoda nas outras pessoas: a superficialidade, que não tenham consideração por eles e que não valorizem suas qualidades, a submissão.

Como irritam os outros: com as mudanças de humor, as críticas, a inveja e o foco em si mesmos.

Como abordam os problemas: com originalidade, compromisso e exclusividade. "Vou me envolver como ninguém. Vou levar isso adiante com meu toque único, com certeza."

É difícil ter consciência: do egocentrismo. Eles se consideram mais especiais porque acreditam ter vivido coisas mais interessantes que o resto das pessoas. São incapazes de perceber o foco em si mesmos que carregam, pois frequentemente querem ser o centro das atenções.

Como se comunicam: fazem isso a partir do drama, do vitimismo e do exagero. Costumam interpretar papéis como se estivessem em um filme ou em uma apresentação teatral. Suspiram, resfolegam e gritam para chamar a atenção. Querem ser o centro das atenções e sentem que o mundo gira em torno deles. Interrompem as pessoas, não deixam que terminem as frases e levam tudo para o lado pessoal.

Pedra na qual tropeçam com frequência: compararem-se negativamente. Pensam que o jardim do vizinho é sempre mais verde que o seu. Então, sentem inveja e fazem comparações, e isso reduz sua autoestima e confiança. Diminuem-se, tornam-se vítimas e melancólicos.

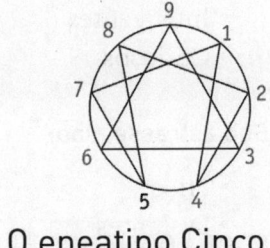

O eneatipo Cinco

Características gerais

Os Cinco são pessoas motivadas pela necessidade de tomar certa distância emocional das situações, pessoas ou circunstâncias. São observadores, independentes, sábios e gostam de passar o tempo sozinhos, pois é quando recarregam as energias. São tranquilos, objetivos, muito reflexivos, sempre preocupados em saber, compreender e racionalizar tudo.

Interessam-se pela informação, pelo conhecimento e têm uma curiosidade muito aguçada. Gostam de estar em casa, longe do mundo exterior, ficam agoniados com o barulho e as aglomerações. Costumam desfrutar de seus hobbies, não têm grandes necessidades e gozam de um grau de independência elevado.

Em situações de estresse, os Cinco se desconectam de suas emoções, tornam-se pessoas distantes e frias. É difícil se conectar com eles, não expressam o que sentem e é complicado entender o que estão experimentando. Chegam a se isolar e a ser pouco generosos, porque temem que os outros se tornem dependentes de sua energia.

Equilibrados, são:
- Sábios
- Independentes
- Objetivos
- Coerentes
- Sossegados
- Perseverantes

- Inteligentes
- Curiosos

Sob estresse, são:

- Frios
- Distantes
- Ignorantes
- Negativos
- Medrosos
- Impenetráveis
- Arrogantes
- Sovinas

Aspectos positivos de ser um Cinco:

- São capazes de dar um passo atrás e observar tudo com distanciamento e objetividade.
- Não são reativos e impulsivos, o que faz com que tomem decisões mais inteligentes.
- São habilidosos em analisar, aprofundar e compreender.
- Têm curiosidade evidente por aprender e inovar.
- Revelam independência e respeito nas relações: vivem e deixam viver.
- Não caem no turbilhão de compras compulsivas; são mais minimalistas.
- Não se deixam influenciar pela pressão social ou familiar, são fiéis ao que sentem.
- Mantêm a calma e a tranquilidade em momentos de tensão.

Aspectos menos agradáveis de ser um Cinco:

- Não expressam sentimentos, razão pela qual é complicado entendê-los.
- Impacientam-se quando as coisas não saem como querem.
- Agem como se nada tivesse acontecido e evitam os conflitos.
- Dizem sim para algo quando na verdade não querem fazê-lo.
- Têm dificuldades na hora de socializar ou expressar suas ideias em público.
- Isolam-se psicológica, mental e fisicamente do mundo.

- Têm medo na hora que precisam entrar em ação.
- Têm receio de compromisso, e isso faz com que fiquem sozinhos.

O que move seus comportamentos: os Cinco se esforçam para se distanciar e concretizar seu desejo de serem livres, autônomos e independentes. Gostam de passar o tempo sozinhos, recarregando sua energia vital. Também não gostam que ninguém dependa deles.

Ponto fraco: valorizam-se pouco. Eles consideram que não têm recursos nem energia para compartilhar com os outros. Podem chegar a viver com pensamentos de escassez, sentindo medo da carência, e nunca se sentirem preparados para passar para a ação.

Objetivo emocional: o afastamento. A capacidade de se distanciar de emoções e situações para compreender com maior objetividade o que estão experimentando.

Calcanhar de aquiles mental: o isolamento. Consiste em gerar o hábito de comunicar o mínimo de informação com o objetivo de não se expor e assim poder ficar sozinho com seus preciosos pensamentos.

Qualidade a que aspiram: a sabedoria. Alcançar a onisciência, um estado no qual dispõem de acesso a uma sabedoria *universal* e conhecem numerosos assuntos em profundidade.

O que provoca estresse: sentirem-se pressionados, sufocados.

Medo básico: de serem ignorantes, se sentirem oprimidos por outras pessoas e não terem recursos para ser independentes.

Desejo básico: o distanciamento.

Uma característica de destaque: a perspicácia. A capacidade que uma pessoa desenvolve para compreender seu ambiente e interpretar questões ou situações complexas.

O que valorizam nas outras pessoas: a inteligência, a independência, a sabedoria, a inovação, a criatividade, a profundidade e a curiosidade.

O que os incomoda nas outras pessoas: a intensidade emocional, a pressão, as aglomerações, a insistência e a ação constante.

Como irritam os outros: com pouca expressividade, falta de ação, silêncio emocional, rigidez mental e arrogância intelectual.

Como abordam os problemas: com calma, distanciamento e objetividade. "Vamos ficar tranquilos. Vamos reunir toda a informação que temos e analisar tudo."

É difícil ter consciência: da falta de ação. Não costumam perceber que a vida passa. São mais de imaginar e pensar do que de agir.

Como se comunicam: costumam falar com um tom discreto, sem gritar nem chamar a atenção, a partir da calma e da sabedoria. Esforçam-se para racionalizar, analisar e explicar detalhes de como as coisas funcionam. São pouco expressivos, frios e distantes. Agem como se não tivessem sentimentos, mas os carregam em seu interior e não os deixam aflorar.

Pedra na qual tropeçam com frequência: isolam-se do mundo exterior processando tudo de forma mental. Fogem das emoções, se concentram na razão e se afastam de seus sentimentos.

O eneatipo Seis

Características gerais

Os Seis são pessoas que procuram se sentir seguras em diversos aspectos da vida. São leais, prudentes, trabalhadores e responsáveis. São considerados mais "jogadores de equipe" que lobos solitários. Procuram a cooperação, são detalhistas e cautelosos. Gostam de confiar nas pessoas, caminham tendo a verdade à frente e são grandes companheiros.

São pessoas de pensamentos constantes, variados e velozes. De natureza precavida, os Seis planejam diferentes alternativas e levam em conta várias opções na hora de tomar decisões, para que a crise ou problema não os pegue desprevenidos. Tudo é processado e analisado em detalhes.

Em situações de estresse, ficam ansiosos, vislumbram problemas onde eles não existem e se preocupam em excesso com o futuro. São sujeitos a dúvidas, medo e incerteza. Para eles é difícil tomar decisões, confiar nas pessoas, e por isso se tornam exigentes e irritadiços.

Equilibrados, são:
- Seguros
- Valentes
- Leais
- Empáticos
- Companheiros
- Responsáveis
- Precavidos
- Carinhosos

Sob estresse, são:

- Desconfiados
- Ansiosos
- Medrosos
- Céticos
- Paranoicos
- Defensivos
- Imprevisíveis
- Controladores

Aspectos positivos de ser um Seis:

- Têm responsabilidade na hora de fazer as coisas de forma correta.
- Trabalham de maneira eficiente durante longos períodos.
- Não descuidam de nenhum detalhe e têm tudo sob controle.
- Demonstram lealdade e companheirismo com amigos, familiares e pessoas queridas.
- Antecipam os problemas que podem surgir, já que todas as possibilidades estão contempladas.
- Têm empatia com os outros e oferecem seu apoio quando necessário.
- Trazem para a realidade conceitos e ideias para serem executados.
- Oferecem carinho e amor ao grupo seleto de pessoas que ganharam sua confiança.

Aspectos menos agradáveis de ser um Seis:

- A dúvida constante na hora de tomar decisões.
- A paralisia pela análise. Ficam incapazes de passar à ação diante de um mundo de dúvidas.
- A pouca confiança que têm em seus próprios critérios.
- A desconfiança do resto das pessoas. Temem que se aproveitem deles.
- O pensamento catastrófico que inunda suas mentes.
- O sentimento de serem atacados e, por isso, se colocam na defensiva com facilidade.
- A exigência e a crítica excessiva em relação a si mesmos.
- De forma recorrente, apresentam quadro de ansiedade.

O que move seus comportamentos: a segurança. O desejo de se sentir a salvo e de fazer parte de um grupo ou coletivo que apoie seus pensamentos e modos de ver a vida. Querem ter certeza na hora de tomar decisões, saber que estão no caminho correto.

Ponto fraco: a dúvida. Na hora de tomar decisões, eles mantêm uma hesitação constante, que pode chegar a anular toda conexão com sua própria intuição.

Objetivo emocional: a convicção. Ter a capacidade de se conectar com sua intuição corporal e emocional e saber que esse é o caminho adequado a seguir.

Calcanhar de aquiles mental: a covardia. Uma subvalorização de seus próprios critérios para se submeter às ordens de terceiros e não se atrever a seguir seu próprio caminho.

Qualidade a que aspiram: a confiança. Ter a capacidade de superar o medo, se responsabilizar pelas próprias decisões e ter a determinação para dar passos coerentes com o que sentem.

O que provoca estresse: o medo de serem julgados.

Medo básico: não ter apoio nem orientação.

Desejo básico: sentirem-se seguros sabendo que caminho seguir na vida.

Uma característica de destaque: a fidelidade. Os Seis são pessoas comprometidas com seus entes queridos. Estão dispostos a ajudá-los e a serem leais. Levam em conta as necessidades de pessoas próximas.

O que valorizam nas outras pessoas: a confiança, a lealdade, a clareza, a proteção, o compromisso e a entrega.

O que os incomoda nas outras pessoas: a desconfiança, a ambiguidade, a libertinagem, o descumprimento de regras e a mudança constante.

Como irritam os outros: com falta de confiança, insegurança e dúvidas, testando a lealdade dos outros.

Como abordam os problemas: com ansiedade ao não entender por que deixaram passar algo. "Eu não tinha previsto isso. Vou me concentrar no que mais pode dar errado e buscar os planos B, C e D."

É difícil ter consciência: da tendência a exigir. Os Seis não costumam ser conscientes de suas exigências e das consequências que isso tem em seus relacionamentos. Como não confiam em seus próprios critérios, exigem que os outros tomem decisões que os beneficiem. Se não conseguem, recorrem à reclamação.

Como se comunicam: costumam analisar, questionar, duvidar e criar explicações internas e externas. Enquanto falam, procuram confirmar suas suspeitas através de perguntas e mais perguntas em um jogo mental muito rápido e ágil, tentando amarrar pontas soltas. Usam com frequência as expressões "E se?", "O que você acha?", "Como você faria isso?", "Não sei".

Pedra na qual tropeçam com frequência: deixam as decisões nas mãos de terceiros. Sentem-se confortáveis delegando a responsabilidade de escolher e deixando que os outros tomem as decisões que para eles são tão difíceis. Eles se esquecem que têm força interior para tomar as rédeas de sua vida, mantendo-se fiéis a seus valores e sentimentos.

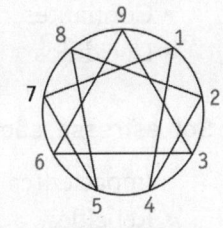

O eneatipo Sete

Características gerais

Os Sete são pessoas que procuram se sentir felizes, entusiasmadas e estimuladas em tudo o que fazem. São otimistas, brincalhonas, animadas e têm uma grande capacidade de desfrutar do que fazem. Irradiam energia, boas vibrações no ambiente e consideram que a vida é um jogo, que é preciso se divertir e experimentar uma multidão de coisas.

A mudança constante é uma de suas características principais. Costumam se divertir no início, mas se entediam rapidamente em seus trabalhos e relações ou com a rotina. Adoram desafios, estabelecer objetivos e, em geral, têm grande capacidade de fantasiar, comunicar suas ideias e se conectar com outras pessoas. Sua vida gira em torno do prazer.

Em situações de estresse, tendem a ser impulsivos e a tomar decisões sem medir as consequências. Para eles é difícil lidar com a dor e a tristeza, por isso improvisam e evitam situações incômodas em sua vida. São narcisistas, egoístas e exagerados quando não estão equilibrados emocionalmente.

Equilibrados, são:

- Alegres
- Espontâneos
- Criativos
- Produtivos
- Visionários
- Curiosos

- Confiantes
- Decididos

Sob estresse, são:

- Impacientes
- Rebeldes
- Indomáveis
- Narcisistas
- Falsos
- Imprevisíveis
- Autodestrutivos
- Inquietos

Aspectos positivos de ser um Sete:

- São alegres, aproveitam o que têm e valorizam a vida que levam.
- São autênticos, espontâneos e únicos.
- São motivados a dar sua pequena contribuição para transformar o mundo em um lugar melhor.
- Adaptam-se facilmente às mudanças.
- Veem o aspecto positivo das situações que estão vivendo.
- Utilizam seus diversos interesses e habilidades para melhorarem como pessoas.
- Mostram valentia e firmeza na hora de tomar decisões e assumir riscos.
- Possuem desejo de ver, provar e experimentar coisas novas.

Aspectos menos agradáveis de ser um Sete:

- Acham que podem concretizar todas as ideias que passam pela cabeça.
- Entediam-se rapidamente e abandonam no meio o que começaram.
- São inconstantes e mudam perigosamente de opinião.
- Não se aprofundam nem se especializam em nada e lidam com diferentes assuntos superficialmente.
- São intransigentes, indisciplinados e imprudentes.
- Mentem e exageram a realidade em benefício próprio.

- Concentram-se em seus próprios interesses e se esquecem dos outros.
- Comportam-se de forma imatura e não assumem responsabilidades.

O que move seus comportamentos: o estímulo. O desejo de estar contentes, motivados e estimulados e de sentir adrenalina em tudo o que fazem. Não querem se entediar nem sentir tristeza ou que foram negligentes.

Ponto fraco: a insaciabilidade. Nunca nada é suficiente. Querem estar abertos a um mundo de possibilidades.

Objetivo emocional: a sobriedade. Adquirir a capacidade de estar presente, de acalmar a mente, de se concentrar em uma única coisa de cada vez e desfrutar do que está fazendo sem a necessidade de buscar estímulos externos constantes.

Calcanhar de aquiles mental: a projeção do futuro. Tendem a não se conectar com o que é importante e se perdem planejando algo melhor do que o que estão fazendo no presente.

Qualidade a que aspiram: o compromisso. A necessidade de se esforçar, de se envolver e se concentrar em apenas uma coisa de cada vez em lugar de derramar pensamentos variados e sem rumo. Devem se comprometer a terminar o que começaram.

O que provoca estresse: a falta de liberdade.

Medo básico: ficarem presos na dor e no vazio.

Desejo básico: sentirem-se estimulados, felizes e livres.

Uma característica de destaque: o entusiasmo. São como lâmpadas que irradiam felicidade, alegria e entusiasmo por tudo o que fazem. São capazes de levar essa centelha de bom humor àqueles que os cercam.

O que valorizam nas outras pessoas: que lhes deem espaço. Além disso, valorizam a alegria, o entusiasmo, a independência, a despreocupação, a criatividade, a iniciativa e a ação.

O que os incomoda nas outras pessoas: a crítica, a rigidez mental, as reclamações, o pessimismo, a falta de ação, a passividade.

Como irritam os outros: com falta de compromisso, mudança constante, excesso de energia e descumprimento da palavra.

Como abordam os problemas: a partir da despreocupação e do otimismo. "Não se preocupe, tudo acontece por algum motivo. Vou cuidar para que tudo corra bem."

É difícil ter consciência: de sua dispersão constante. São propensos ao *multitasking* e a uma variedade de pensamentos e ações. É difícil manter o foco em uma única coisa de cada vez, porque as distrações são frequentes. Se há um mínimo indício de tédio, vão procurar novas fontes de estímulo, o que gera uma dispersão constante.

Como se comunicam: costumam falar de forma exagerada, extravagante e com insolência. Gostam de ser o centro das atenções, que olhem para eles e de captar o interesse daqueles que os cercam. Se comunicam com palavras fáceis, que combinam com casos divertidos, sem se aprofundarem em conversas dolorosas ou negativas.

Pedra na qual tropeçam com frequência: pensar no futuro. Idealizam situações, viagens e atividades que farão no futuro ou que estão acontecendo nos momentos em que não estão presentes. Não têm consciência da fonte inesgotável de sofrimento, desconexão e insatisfação crônica que eles mesmos alimentam.

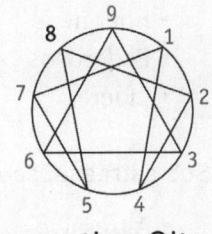

O eneatipo Oito

Características gerais

Os Oito são pessoas fortes, decididas e motivadas pela necessidade de se sentirem poderosas. Costumam assumir o controle de tudo o que os cerca, gostam de assumir a responsabilidade em seus assuntos e nos de sua família. São diretos na hora de se expressar e sabem muito bem o que querem e o que não querem.

São líderes natos, seguros de si mesmos, e têm uma grande capacidade de assumir riscos e enfrentar situações delicadas com força e valentia. São trabalhadores, persistentes e gostam de conquistar, atingir objetivos e alcançar aquilo a que se propõem. São propensos a falar em tom desafiador, com ímpeto, e criticam abertamente, sem medo de serem julgados.

Em situações de estresse, são capazes de cometer violência verbal, emocional e até física. São bruscos, duros, reativos e vingativos. Tendem a oprimir as pessoas com exigências e cobranças. Não costumam medir suas palavras nem as consequências de suas reações impulsivas, o que cria problemas nas relações pessoais.

Equilibrados, são:

- Seguros
- Diretos
- Leais
- Comprometidos
- Protetores
- Justos
- Solidários

- Enérgicos
- Poderosos
- Líderes

Sob estresse, são:

- Agressivos
- Manipuladores
- Irascíveis
- Controladores
- Dominantes
- Frios
- Indomáveis
- Vingativos
- Reativos
- Impositivos

Aspectos positivos de ser um Oito:

- Têm critérios próprios e são independentes na hora de pensar.
- São capazes de estabelecer diferentes objetivos e alcançá-los.
- Detectam e enfrentam causas injustas.
- Dão apoio incondicional às pessoas queridas.
- Enfrentam a vida e os desafios com valentia e de forma direta.
- Têm grande segurança em si mesmos.

Aspectos menos agradáveis de ser um Oito:

- Possuem reatividade desmedida e personalidade explosiva.
- Não se esquecem das feridas nem das injustiças.
- Oprimem e atormentam os outros com suas exigências constantes.
- Podem tratar as pessoas com agressividade.
- Não expressam sua vulnerabilidade nem seus sentimentos.
- Ficam nervosos quando não lhes obedecem.

O que move seus comportamentos: sentirem-se poderosos. Ter o controle das situações para mandar, fazer e desfazer de acordo com seus caprichos. Não gostam de ser dirigidos nem de depender de outras pessoas.

Ponto fraco: o autoritarismo. Não são conscientes de sua tendência a serem abusivos, controladores e até opressivos, nem das consequências que isso tem em suas relações com os outros.

Objetivo emocional: o relaxamento. Desejam esse estado em que sintam que podem baixar a guarda e ficar tranquilos e relaxados, e não em luta constante, como aparentam estar habitualmente. Nessa fase superam o medo de parecerem frágeis ao mostrar suas fraquezas.

Calcanhar de aquiles mental: não ceder. Podem se tornar pessoas de pensamento rígido e não querer olhar para seus próprios erros ou para a forma como estão se relacionando. O fato de não ceder nem negociar com os outros é causa frequente de conflito.

Qualidade a que aspiram: a moderação. Consiste em poder abandonar essa sensação de que precisam controlar absolutamente tudo. Começam a moderar suas palavras e comportamentos bruscos.

O que provoca estresse: que os encurralem e lhes façam imposições.

Medo básico: serem controlados pelos outros.

Desejo básico: se sentirem poderosos, livres e independentes.

Uma característica de destaque: a energia. São pessoas decididas, passionais e intensas. Sua determinação naquilo que se envolvem é contagiante. São um vulcão transbordante de ação e segurança.

O que valorizam nas outras pessoas: que sejam francas e diretas e também a segurança, a confiança, a lealdade, os valores e a clareza.

O que os incomoda nas outras pessoas: a falta de concretização, o embuste, as hesitações na hora de tomar decisões e a ostentação.

Como irritam os outros: pressionando, exigindo, controlando de forma hostil, insistente e com menosprezo.

Como abordam os problemas: dão início a um ponto de inflexão e se responsabilizam pelo que está ao seu alcance. "É hora de segurar o touro pelos chifres."

É difícil ter consciência: de seu abuso. Acham que agem de forma direta e intensa para ajudar os outros, mas não são capazes de ver que chegam a abusar de pessoas que demonstram certa vulnerabilidade e falta de determinação.

Como se comunicam: costumam impor, mandar e dirigir com seus discursos. A culpa, a ameaça e a manipulação podem estar muito presentes no conteúdo e na forma de suas falas. Têm um estilo intimidador, costumam olhar os outros fixamente nos olhos e dizem o que pensam.

Pedra na qual tropeçam com frequência: o controle absoluto. Querem controlar a família, o ambiente de trabalho e qualquer um que esteja em seu círculo de influência. Se as coisas não são feitas como eles dizem, costumam se tornar pessoas rígidas e desafiadoras. São incapazes de ver que, abrindo a mente e negociando, podem encontrar pontos intermediários com o objetivo de levar uma vida mais relaxada e tranquila.

O eneatipo Nove

Características gerais

Os Nove buscam levar uma vida pacífica, tranquila e sem conflitos. Gostam de viver bem, ter seu espaço pessoal e se sentirem confortáveis em tudo o que fazem. As outras pessoas se sentem levadas a se aproximar deles devido à empatia e à grande capacidade de escuta que possuem.

São mediadores por natureza. Têm a virtude de perceber diferentes pontos de vista e escolher um que satisfaça a todos. Percebem as necessidades dos outros e são capazes de se conectar de forma benévola com eles. São trabalhadores, mas seguem seu próprio ritmo: sem pausa, porém sem pressa. Costumam ser prudentes e pontuais e têm rotinas estabelecidas.

Em situações de estresse, podem chegar a ser inflexíveis e desagradáveis se acham que não estão sendo levados em consideração. Experimentam ira, mas não costumam expressá-la e guardam o conflito internamente.

Os Nove se esquecem de suas próprias necessidades e se adaptam e se mimetizam em excesso com o que está à sua volta. Podem se comportar de forma distante, insensível e desconfiada se sentem que estão se aproveitando deles.

Equilibrados, são:

- Empáticos
- Mediadores
- Generosos
- Tranquilos

- Auxiliadores
- Amorosos
- Pacientes
- Diplomáticos
- Assertivos
- Cooperativos

Sob estresse, são:

- Esquecidos
- Apáticos
- Procrastinadores
- Preguiçosos
- Acomodados
- Explosivos
- Temerosos
- Tímidos
- Teimosos
- Obsessivos

Aspectos positivos de ser um Nove:

- A capacidade de não criticar nem julgar os outros.
- A facilidade na hora de encontrar um ponto intermediário pelo bem comum.
- A capacidade de relaxar e aproveitar o presente de forma consciente.
- A habilidade para fazer as pessoas expressarem seus sentimentos.
- A generosidade na hora de ajudar e se ocupar das pessoas queridas.
- A energia harmônica que irradiam e com a qual contagiam onde quer que estejam.

Aspectos menos agradáveis de ser um Nove:

- Dizem sim quando internamente sentem que têm de dizer não.
- Criticam a si mesmos quando não têm iniciativa.
- Preocupam-se em demasia com o que os outros vão pensar deles.
- Adiam a tomada de decisões e diferentes ações.
- Subvalorizam suas capacidades inatas.
- Podem botar uma máscara pelo fato de nunca se posicionarem.

O que move seus comportamentos: estar em paz. Os Nove se esforçam para estar em paz e tranquilos. Querem harmonia com o mundo, em seus relacionamentos e consigo mesmos. A eles não interessa chamar a atenção dos outros e preferem passar despercebidos.

Ponto fraco: a falta de ação. Os Nove entram em um estado de preguiça no qual são capazes de evitar o que realmente sentem. Eles se mimetizam com os outros, perdem sua identidade e agem por e para os outros.

Objetivo emocional: o olhar interior. Consiste em colocar o foco no interior, avaliar o que é verdade para eles e seguir a decisão de seus sentimentos para recuperar a "conexão" com eles mesmos.

Calcanhar de aquiles mental: esquecerem-se de si mesmos. Vivem entre o que realmente desejam fazer e o que é melhor para o bem comum. Enfrentam grandes problemas de autoestima e segurança para saber para onde ir.

Qualidade a que aspiram: o amor. Os Nove sobem um degrau emocional quando superam a necessidade de se mimetizarem com os outros por medo de não pertencer, de ficarem excluídos ou gerarem um conflito. É aí que eles se conectam com o verdadeiro amor por si mesmos, por seu valor e pela vida.

O que provoca estresse: o medo de não serem levados a sério.

Medo básico: entrar em conflito, perder a conexão com os outros.

Desejo básico: estar em paz, tranquilos e sem grandes sobressaltos.

Uma característica de destaque: o equilíbrio. Os Nove têm a capacidade de permanecer equilibrados e de viver em harmonia mesmo experimentando momentos ruins à sua volta. Também conseguem que as pessoas se sintam seguras, confortáveis e relaxadas ao seu lado.

O que valorizam nas outras pessoas: a tranquilidade, a sinceridade, a persistência, o otimismo, que respeitem seu tempo e que falem com o coração.

O que os incomoda nas outras pessoas: que os pressionem, que sejam problemáticas, a arrogância, a brusquidão e o ritmo frenético.

Como irritam os outros: com sua negligência, a agressividade encoberta, a indecisão, não se posicionando diante dos acontecimentos e não cumprindo seus compromissos.

Como abordam os problemas: a partir da calma e da mediação. "Entendo seu ponto de vista, mas é melhor nos juntarmos para encontrar uma solução boa para todos."

É difícil ter consciência: da raiva que guardam no interior. Têm dificuldades para expressar a raiva que acumulam dentro de si. Vão guardando, aceitando e tolerando atitudes e comportamentos com os quais não estão de acordo. Até que chega o dia em que explodem emocionalmente. Isso não costuma ser frequente, mas é potente.

Como se comunicam: costumam fazer isso com um tom relaxado, de cooperação e união com as pessoas. Se expressam com respeito e tranquilidade e colocam sobre a mesa o que consideram benéfico para os outros. Tendem a abusar de "sim", "tanto faz", "você escolhe" ou "o que você preferir" e se esquecem de usar mais o "não".

Pedra na qual tropeçam com frequência: dizem sim quando querem dizer não. Os Nove acreditam que dizer não pode levar a conflitos com os outros. Por isso, vão aceitando propostas, ações ou situações que na verdade não querem aceitar. E o conflito que geram para si mesmos é interno.

ASPECTOS QUE DEVEM SER LEVADOS EM CONSIDERAÇÃO

Cada um é responsável por fazer o uso que considere adequado do eneagrama, mas uma coisa deve ficar clara: isso não é um jogo nem um sistema de rotulagem. É uma ferramenta que, bem compreendida e utilizada com responsabilidade, pode ajudar muito você a compreender o comportamento humano.

Agora, para poder usar o eneagrama a seu favor, para que ele lhe seja útil, você deve levar em conta os seguintes pontos:

- Apesar de todos termos um eneatipo dominante, também contamos com características dos outros oito.
- Nem tudo o que é expresso por um eneatipo significa que é experimentado por você ou que você o tenha vivido antes. Algumas descrições concretas de seu tipo de personalidade podem não coincidir com sua pessoa.
- O eneagrama não anula sua individualidade. Cada ser humano é único.
- Se acha que conhece uma pessoa apenas sabendo seu eneatipo, preciso dizer que você está totalmente equivocado.
- Não há eneatipos melhores ou piores que os outros. Todos têm sua parte luminosa e aspectos a melhorar.
- Evite rotular e evite se precipitar quando achar que conhece o eneatipo, tanto o seu quanto o de outra pessoa. Não comece a tentar adivinhar tipos de personalidade, isso não é um jogo.
- Seja cauteloso e não acredite de imediato que certos comportamentos estão lhe dando toda a informação sobre outras pessoas. Você não conhece os verdadeiros medos, desejos e motivações dos outros para entender com certeza o porquê do comportamento deles.

- O importante nas pessoas, na verdade, não é o eneatipo, mas seu estado interno.
- O eneagrama é uma ferramenta para nos expandirmos, não para ficarmos contidos nela.
- Aprenda a se observar e a se aceitar de maneira amistosa.
- Seu objetivo não é se fechar em uma caixa de comportamentos e diretrizes, mas perceber que você já está dentro de uma e tratar de sair dela.
- Aproveite o eneagrama para avançar em seu crescimento pessoal. Seja eficaz no uso da ferramenta.
- Não deixe que ninguém diga qual é seu eneatipo. A última palavra é sua, e você deve chegar a ele graças a uma viagem de autoconhecimento honesta e profunda.
- Na verdade, não existem apenas nove tipos de personalidade; devido aos subtipos, há 27. Neste livro não me aprofundarei neles, mas convido você a estudá-los, a fim de se conhecer profundamente.
- Não proponho apenas uma identificação, mas também uma viagem ao centro do símbolo do eneagrama com o objetivo de deixar para trás seu eneatipo e poder se conectar com a essência dos nove. Ou seja, do ser humano e todas as suas possibilidades.
- O eneagrama não explica tudo nem tem todas as respostas. Trace seu próprio caminho e construa uma vida melhor graças aos ensinamentos desse sistema.

Recomendações adicionais

Em todos os eneatipos, você viu um item chamado "o que move seus comportamentos", que explica a partir de onde atua cada tipo de personalidade. Isso é um aspecto-chave para descobrir nosso eneatipo em caso de possíveis (e lógicas) dúvidas.

Duas pessoas com eneatipos diferentes podem ter traços de comportamento idênticos ou tomar decisões iguais diante de uma determinada situação, mas o motor, a raiz, o motivo para fazerem o que fazem pode ser diferente, por mais que o comportamento visível seja o mesmo.

Imagine que duas pessoas da mesma empresa e do mesmo departamento recebem a oferta de uma promoção. Diante desse novo desafio profissional, um eneatipo Seis pode aceitar a oferta porque acha que ela vai proporcionar mais segurança na vida, com melhores condições econômicas e mais responsabilidade.

Porém, um eneatipo Sete também pode aceitar a oferta, mas motivado pelo simples fato de que esse é um novo cenário pelo qual vai circular, de que ele vai conhecer pessoas novas e se sentir estimulado por fazer coisas diferentes.

Mesma decisão, enfoque diferente. O eneatipo Seis honra a motivação de seu comportamento de se sentir seguro, e o Sete, o fato de estar constantemente estimulado.

Isso explica por que é mais conveniente e certo procurar as motivações internas que geram nossa maneira de nos comportar do que ficar apenas na superfície e fazer afirmações universais sobre características e comportamentos.

Por outro lado, uma abordagem que também ajuda a nos situarmos é ir "brincando" com o símbolo. Explico: se uma pessoa tem dúvidas se se identifica mais com um eneatipo Seis ou com um eneatipo Dois, é importante se concentrar nas setas às quais o eneatipo está conectado.

Caso você sinta que é um eneatipo Seis, aprofundar-se nos eneatipos Nove e Três vai ajudá-lo a obter mais clareza para saber se está seguindo por um bom caminho na hora de descobrir seu eneatipo dominante.

Por outro lado, se você acha que pode ser um eneatipo Dois, deveria se aprofundar no Oito e no Quatro para saber se está correto.

Agora convido você a me acompanhar nos próximos capítulos até descobrirmos como você se comporta com o dinheiro.

2
OS NOVE ENEATIPOS
E SUA RELAÇÃO COM O DINHEIRO

Neste capítulo vamos nos aprofundar na relação específica que cada eneatipo tem com o dinheiro. Aqui, você vai compreender de maneira clara e simples os padrões de comportamento financeiro do passado que o levaram ao ponto em que está agora.

Vai descobrir o que funciona para você de forma natural em relação ao dinheiro, quais os aspectos que você deve melhorar, os erros econômicos que costuma cometer com maior frequência, como tende a pensar no dinheiro de forma inconsciente, como lida com a abundância, de que maneira você acaba se complicando na escassez, quais são seus desejos financeiros e quais são seus medos monetários.

O objetivo desta parte é que você tome consciência do que faz automaticamente para poder se situar e fortalecer seus pontos fracos. Você vai melhorando sua relação com o dinheiro para conquistar, de forma natural, a verdadeira riqueza, que consiste em ter o controle de sua vida graças a uma boa tranquilidade econômica.

Desde que me aprofundei no eneagrama em 2017, decidi usá-lo a meu favor no maior número possível de áreas em minha vida. Isso me ajudou a melhorar a relação comigo mesmo e com os outros e também me catapultou profissionalmente.

Entretanto, depois de anos de estudo, posso afirmar que meus conhecimentos sobre o eneagrama causaram maior impacto no aspecto econômico de minha vida. Por ter entrelaçado esses conhecimentos com minhas finanças, vi aumentar minha inteligência econômica e pude resolver todo tipo de problema financeiro pessoal.

Paguei dívidas, aumentei minha renda, reduzi meus gastos, multipliquei minha capacidade de poupança, botei meu dinheiro para trabalhar e consegui um equilíbrio econômico que nunca tivera.

Dinheirograma serve para botar em ordem a desordem econômica e para saber o que fazer com a poupança, os investimentos, os gastos e o faturamento, com base em quem você é. Em poucas palavras, ele o leva a ter maiores habilidades para resolver problemas financeiros.

Aumentar a inteligência econômica é possível se você sabe de onde está partindo, e para isso precisamos do mapa do eneagrama. Sou um fiel defensor de que a habilidade de gerir o dinheiro pode ser treinada, buscada e aprendida.

E à medida que você evolui, sua mente começa a se capacitar para ter mais opções e aproveitar novas oportunidades. O que antes você nem via, com inteligência econômica você começa a entender.

Com o método apresentado neste livro, você não vai virar um especialista em dinheiro e finanças, mas vai adquirir os conhecimentos e habilidades necessários para dominá-los de maneira eficaz e prática a partir de seu tipo de personalidade.

Insisto: você não vai ser ministro da Economia, mas garanto que dominar o jogo do dinheiro e suas regras pode mudar sua vida.

Mesmo que a grande maioria das teorias relacionadas com a gestão do dinheiro e os investimentos seja relativa e tenha de se adaptar a cada pessoa, é evidente que aumentar nossa inteligência financeira nos assegura um melhor futuro pessoal, profissional e econômico.

Dizem que o dinheiro não traz felicidade nem resolve todos os problemas. Mas estou convencido de uma coisa: a pobreza também não traz felicidade, e o dinheiro soluciona todos os problemas... econômicos.

E para o mundo em que vivemos, isso já é muito. Portanto, é melhor estarmos preparados sabendo qual é nossa relação com o dinheiro para poder viver melhor.

Vamos descobri-la!

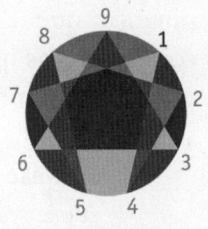

O eneatipo Um e o dinheiro

> Jamais devi dinheiro a ninguém. Gosto de pagar em dia e sem atrasos. Também exijo que façam o mesmo comigo. Organizei meus pagamentos para que sejam todos efetuados no dia primeiro. Gosto de cumprir com minhas obrigações e de ter minhas finanças organizadas.

Javier é advogado, trabalha em um escritório no centro de Madri e ganha um salário que ele considera confortável, mesmo com a grande quantidade de horas que dedica ao seu trabalho. Como bom Um, ele tem um controle férreo do que ganha e gasta, embora reconheça que isso pode afetar sua relação com o que está ao seu redor:

> Vivo a partir de orçamentos muito pensados. Tento não sair deles. Reconheço que na maioria das ocasiões sou pouco flexível e um pouco rígido com cada euro de meu orçamento. Às vezes consigo relaxar, mas a ordem e o controle estão muito presentes em minha economia pessoal e familiar.

Para os Um, ter suas finanças em ordem traz tranquilidade. Assim explica Javier:

> Não costumo gastar mais do que tenho. Não preciso de grandes luxos nem costumo me endividar para comprar coisas. Sempre estou em dia com os pagamentos, gosto de cumprir minhas obrigações. Quando pago, me sinto bem, como se tivesse cumprido meu dever.

Isabel, mãe de Javier, conta que aos 14 anos seu filho decidiu virar vegetariano por vontade própria, apesar de não haver na família ninguém que não comesse carne. O fato de a família gastar dinheiro com empresas que não estavam alinhadas com sua maneira de pensar e ver a vida gerava conflitos em casa.

> Ele não gostava que consumíssemos produtos ou serviços que iam de encontro a seu ponto de vista. Nos repreendia dizendo que cada euro que gastássemos devia ter um sentido ético e moral.

Esse eneatipo é capaz de se revelar muito crítico na hora de julgar os hábitos de consumo de outras pessoas, apontar irregularidades ou desconfiar da procedência do dinheiro de terceiros. Ele pode até mesmo ter problemas de relacionamento ou eliminar alguns deles por conflito de ideologias.

O Um julga, critica e valoriza a partir de seu prisma arrogante, podendo chegar a não ter empatia pelos outros. Para esse eneatipo, sua forma de ver o dinheiro e tudo relacionado a ele é a maneira certa de se comportar e deveria ser seguida pelas pessoas.

Um dos grandes desafios do Um com o dinheiro é aprender a refazer seu plano quando os resultados não são os esperados, já que poucos planos mentais e ideais dão certo quando são postos em prática.

Por isso, quanto maior sua capacidade de se adaptar à realidade, mesmo se desviando do que acreditava inicialmente, melhor vai ser. Dessa forma, você poderá seguir um plano de acordo com o que necessita, levando em conta que o futuro é incontrolável e cheio de incógnitas.

Habilidades:

- Conseguem fazer um balanço dos números. Por terem controle de suas finanças, elas costumam estar saudáveis.
- São previdentes. Fazem uma boa gestão do dinheiro pensando em médio e longo prazo.
- São éticos e responsáveis. Não enganam e são confiáveis.

Aspectos a melhorar:

- Podem ficar obcecados por dinheiro, pelos orçamentos e pela ordem.

- Têm tendência a cair na mesquinharia, consigo mesmos ou com os outros.
- No lado oposto e com sua seta para o eneatipo Sete, eles podem se tornar gastadores e insaciáveis com suas compras e produtos.

Que sentimento os leva à escassez? As restrições. Às vezes se limitam economicamente até um extremo obsessivo. Restringem sua vida e a dos outros se ultrapassam algum orçamento. Podem chegar a condicionar sua vida emocional, de casal ou familiar pelo dinheiro.

O que os leva à abundância? Liberar o controle. Se abrir para novas possibilidades e entrar em terrenos que ainda não conhecem. Por exemplo, estudar sobre novos investimentos e se abrir para experimentar novos produtos financeiros (que chegavam a condenar por falta de informação) fazem com que confiem mais na vida e deixem fluir o que acontece com eles.

Estratégia com o dinheiro: ordem. Os Um veem a ordem como uma defesa contra o caos. Gostam de ter a vida controlada e que funcione de forma organizada e simples. Para eles, muitas vezes não se trata de ter mais ou menos dinheiro, mas de ter o suficiente, aquilo de que precisam.

Desejos econômicos: terem as contas em ordem, estarem informados sobre pagamentos e serem honestos.

Medos monetários: não serem transparentes com o dinheiro, serem vistos como uma pessoa má ou corrupta.

Pensamento dominante: "Se sou organizado com meu dinheiro, tenho o controle de minha vida."

O dinheiro permite que: sejam fiéis a seus ideais de melhorar o mundo.

Como podem se distanciar da energia do dinheiro? Graças à rigidez. O fato de não saírem da rotina e não se abrirem para diferentes possibilidades pode fazer com que eles não gostem de arriscar nem de provar novas experiências com o dinheiro.

O que têm de aprender? A se deixarem levar. O paradoxo dos Um é que, quando ficam obcecados pela ordem e pelo controle de suas finanças, eles se desequilibram. No momento em que se permitem relaxar e se abrir a novas possibilidades sem a necessidade de um controle rígido, vivem a vida de forma mais espontânea e alegre.

Os eneatipos Um como consumidores: são rigorosos com as regras, costumam pedir todo tipo de detalhe e gostam de ler as letras pequenas para saber se o que estão comprando é o certo. Dão muita importância à relação qualidade-preço. Embora não seja definitivo, na hora de comprar, priorizam a utilidade. Precisam encontrar uma utilidade clara em tudo aquilo que compram.

Antes de fazer um gasto, é frequente que tenham se deixado influenciar por pessoas de confiança. Também costumam ler comentários e testemunhos de outros consumidores, dando ênfase aos de caráter técnico. Tendem a não gastar demais e investem naquilo que supostamente vai trazer uma melhoria para seu dia a dia ou o de sua família.

Para vender para um eneatipo Um, é recomendável que demonstre estar próximo a ele, que não o aborde de maneira agressiva e que ele veja você como um especialista no assunto. Eles têm de comprovar que o produto ou serviço que estão comprando terá um uso claro, do contrário podem descartá-lo. Não se deve fechar a venda rapidamente nem os pressionar.

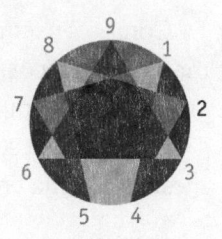

O eneatipo Dois e o dinheiro

> Ganhei meu dinheiro com esforço e eu decido o que faço com ele. Gosto de gastar com minhas filhas, assim eu as ajudo. Em parte, isso é uma forma de demonstrar meu amor. As pessoas gostam de se sentirem queridas, e eu gosto de ser generosa e agradecida.

Natália tem 56 anos, trabalha como chef, está separada e tem três filhas, de vinte, 23 e 27 anos. É apaixonada pelas relações humanas e pelas pessoas. Ela tem longas jornadas em um restaurante nas proximidades de Valência.

Como eneatipo Dois, Natália se concentra em ser amada e em se conectar com as pessoas através do dinheiro e é capaz de destinar os recursos necessários para que seus entes queridos estejam confortáveis e possam poupar trabalho, dinheiro ou tempo.

> Tenho a tendência de gastar grande parte do dinheiro que eu ganho com as pessoas do meu círculo, principalmente com minhas filhas, apesar de já serem adultas. Eu compro roupas para elas e, se estão mal de dinheiro, as convido para jantar ou faço compras para elas no supermercado.

Antes de gastar dinheiro com eles mesmos, os Dois podem doá-lo a seus familiares e contribuir para que eles se sintam bem. É frequente vê-los em um círculo vicioso no qual consideram que, para receber amor, devem estar o tempo todo por perto das outras pessoas, focados nelas, cobrir suas necessidades e serem indispensáveis a elas.

Como consequência desse padrão de conduta, podem ter problemas econômicos, gastando de forma despreocupada e mergulhando em situações em que não deviam estar.

O fato de se sentirem egoístas ao dedicarem tempo e energia a eles mesmos é uma crença arraigada que acomete muitos eneatipos Dois.

> Desde pequena acho que se gasto dinheiro comigo, isso é ser egoísta. Chego até a sentir certa culpa quando gasto dinheiro com algo de que gosto sabendo que há pessoas à minha volta que precisariam dele para outra coisa mais importante que minhas próprias necessidades e caprichos.

Apesar disso, em seu processo de amadurecimento, os Dois descobrem que a verdadeira fartura surge quando começam a olhar para dentro e priorizar a si mesmos.

Carlos, ex-marido de Natália, diz que ela "aprendeu a não se deixar em segundo plano. Agora ela se permite gerir seu dinheiro colocando-se como prioridade. Quando convivíamos, não podia entender como ficava sem dinheiro no dia vinte todo mês".

A maturidade chega com a responsabilidade:

> Aprendi que não sou a salvadora da vida de ninguém. Agora me permito até cuidar de mim mesma. Me premio gastando dinheiro em minhas próprias necessidades ou caprichos, depois de tanto sacrifício que fiz ao longo da vida.

Aspectos positivos:

- Generosidade e desapego com o dinheiro quando focam no objetivo de ajudar de forma real e altruísta seus entes queridos.
- Dedicação e compromisso na hora de conseguir dinheiro e trabalhar para ficar melhor.
- Bom equilíbrio entre o que entra e sai de dinheiro, tanto em relação a si quanto com os outros.

Aspectos a melhorar:

- Aprender a priorizar e a investir dinheiro em si mesmos sem culpa. Eles negam seus próprios desejos para satisfazer o desejo de terceiros.
- A falsa generosidade. Dão para receber algo em troca. Se não recebem o que procuram, podem reagir com raiva e frustração.
- Serem mais humildes, não se verem como salvadores e deixarem que seus entes queridos sejam economicamente independentes.

Que sentimento os leva à escassez? A manipulação. Os Dois podem gastar dinheiro e manipular a partir da necessidade de se conectarem com os outros. Consciente ou inconscientemente, fazem isso de uma posição de medo e escassez.

O que os leva à abundância? Priorizarem a si mesmos. Quando relaxam emocionalmente e focam em si mesmos, aí começam a perceber que o amor não é fazer, dar ou comprar, mas ser e estar. Se priorizam a si mesmos, percebem que não precisam da validação dos outros para se sentirem queridos ou valorizados.

Estratégia com o dinheiro: dar. Em seu aspecto mais saudável, os Dois descobrem que o fato de dar não é meio para conseguir um fim, mas um fim em si mesmo. O que os conecta com a verdadeira abundância.

Desejo econômico: terem dinheiro para ser independentes e dessa posição ajudar economicamente seus entes queridos.

Medo monetário: desconectar-se. O fato de não ter dinheiro pode fazê-los acreditar que já não são capazes de se conectar com as pessoas queridas.

Pensamento dominante: "A vida me trata bem, o dinheiro vem a mim." Consideram que suas vidas deviam andar bem, já que sua energia dominante é a de dar amor e ajudar. Podem utilizar duas armas potentes para conseguir dinheiro: a sedução e a manipulação.

O dinheiro permite que: se conectem com os outros e ajudem as pessoas queridas.

Como podem se distanciar da energia do dinheiro? Com desejos ilimitados de se envolver na solução de diferentes problemas.

O que têm de aprender? Prudência. É imprescindível que controlem seus gastos se não querem ter problemas econômicos.

Os eneatipos Dois como consumidores: têm prazer em gastar e querem viver bem. Costumam fazer compras caóticas, algumas impulsivas e até mesmo atordoantes. Se podem comprar um produto ou serviço que contribua direta ou indiretamente com uma causa, farão isso. Eles têm prazer em ajudar de toda maneira possível.

Na hora de comprar, dão um peso importante às relações produzidas com a pessoa que está vendendo, por isso é aconselhável que se inspirem por fatores sentimentais.

Para vender para os eneatipos Dois, é necessário seduzi-los e se conectar emocionalmente com eles. Eles têm de ver que antes de um vendedor há uma pessoa que fala com eles com intimidade, com a alma deles.

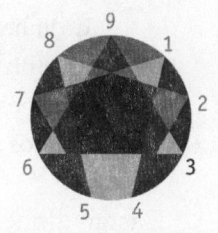

O eneatipo Três e o dinheiro

> Quero me aposentar aos quarenta anos. Quero liberdade financeira e conseguir com essa idade o que algumas pessoas só conseguem aos sessenta anos. O dinheiro é sinônimo de sucesso e não tenho problemas em dizer que gosto dele, que quero ter muito e que é algo que vai me dar tranquilidade para o resto da vida.

Alexandra tem 35 anos, vive em Andorra e é consultora de negócios. Há seis anos elaborou um plano para poder se aposentar aos quarenta e o segue ao pé da letra. Faltam cinco anos para atingir seus objetivos.

Um aspecto característico dos Três, e no caso de Alexandra, é que tomam muitas decisões importantes em função do dinheiro. Esse é um grande motivador em sua vida. Um exemplo é o fato de Alexandra ter deixado sua cidade natal de Barcelona com o objetivo de pagar menos impostos.

> Vir para Andorra faz parte do plano. Estou orgulhosa de meu sacrifício e compromisso para atingir minhas metas financeiras, por mais que sinta saudade de minha família e de estar na cidade onde gostaria de estar. Mas todo esse esforço terá uma recompensa que vai me permitir viver a vida que quero.

Os eneatipos Três gostam de dinheiro e podem desejá-lo (ou tê-lo) em grandes quantidades. Para isso fixam objetivos ambiciosos, que geralmente conseguem atingir. Não costumam deixar o dinheiro parado, preferem movimentá-lo, investi-lo e multiplicá-lo. Quando podem, optam por gastá-lo em símbolos ou produtos que deem a eles prestígio e status.

O dinheiro fala e, de certa forma, me valida como pessoa. Isso não quer dizer que é o mais importante em minha vida nem que eu seja uma pessoa ambiciosa inconsciente, mas não há dúvida de que é um dos melhores motivadores de minhas decisões.

Gastar dinheiro em objetos materiais que permitam mostrar o que consideram ser o sucesso faz parte de seu dia a dia, o que às vezes faz com que eles pensem se realmente valem pelo que são ou pelo dinheiro e bens que possuem. Em momentos de reflexões existenciais, podem experimentar um grande vazio ao ver que certos comportamentos econômicos só estão alimentando o personagem que criaram.

Os Três às vezes se refugiam em compras materiais pensando que nelas está a felicidade. Porém, no processo de amadurecimento pessoal, vão descobrindo o que traz paz e tranquilidade para sua vida em vez de ficar perseguindo a cenoura como se fossem um burro.

Quando evoluem e chegam a um equilíbrio com o dinheiro, começam a ter menos necessidades, a valorizar mais o presente e a viajar, até se mostrar para o resto das pessoas de forma autêntica, sem tantas máscaras.

O dinheiro não se torna sua maior obsessão nem seu principal objetivo, pois percebem que ele chega como resultado de sua honestidade e autenticidade e de viverem segundo seus valores bem definidos.

Habilidades:
- Grande capacidade de faturar, multiplicar o próprio dinheiro e conseguir vendas e clientes. A ambição faz com que eles se conectem com a abundante energia do dinheiro.
- Grande faro para os negócios. Costumam pensar em termos de faturamento, são ágeis para fazer cálculos e têm ideias que podem render dinheiro de forma constante.
- São especialistas na arte de se relacionar com as pessoas. Podem fazer "contatos" e conseguir aquilo a que se proponham, graças aos bons vínculos que geram.

Aspectos a melhorar:

- As compras descontroladas. São capazes de ficar obcecados com algum produto e, em poucos dias, perceberem que ele não os deixa felizes como imaginavam. Sentem insatisfação e frustração.
- O sucesso é o caminho, não o objetivo. Os Três desejam que seus objetivos já estejam atingidos, se esquecem de aproveitar o caminho e não valorizam o próprio trajeto.
- O grande egoísmo em que podem mergulhar, esquecendo-se dos interesses das pessoas que os cercam e se concentrando unicamente em si mesmos e suas necessidades.

Que sentimento os leva à escassez? O esforço constante. É um paradoxo, mas o esforço não gera a validação que desejam. Com a obsessão de conseguir mais dinheiro, são capazes de pisotear, enganar e manipular as pessoas, pensando que "os fins justificam os meios".

O que os leva à abundância? A autenticidade. Esse é o grande desafio dos Três: abrir o coração e se mostrar autênticos. Graças a isso vão gerar uma confiança real em si e nos outros. O dinheiro chega a eles pelo que são, não pelo que têm.

Estratégia com o dinheiro: conseguir. Eles costumam conseguir aquilo a que se propõem: metas, resultados, objetivos, dinheiro. A diferença entre sofrer e lutar e fazer isso de forma harmônica e fluida está em como eles percorrem o caminho para conseguir uma situação financeira melhor.

Desejos econômicos: sustentar a família, serem apreciados por seus sucessos e investirem em si mesmos.

Medo monetário: não poder ter dinheiro suficiente que lhes dê prestígio, uma armadilha mental na qual costumam cair com frequência.

Pensamento dominante: "Graças ao dinheiro posso me ver como uma pessoa de sucesso."

O dinheiro permite que: se destaquem e alcancem o sucesso pessoal e profissional que tanto desejam.

Como podem se distanciar da energia do dinheiro? Com a ansiedade. Não é fácil relaxar para os eneatipos Três. A ansiedade aparece quando começam a se preocupar com dinheiro e a pensar que não estão recebendo o salário ou o faturamento que merecem. Nesse ponto se tornam viciados em trabalho, deixando de lado a família, a saúde e os bons hábitos.

O que têm de aprender? A trabalhar com valores, humildade e propósito. Confiando em si mesmos e trabalhando com um objetivo mais amplo do que apenas perseguir dinheiro, eles vão se conectar com o verdadeiro sucesso. Curiosamente, quando deixam de procurar o aplauso constante é quando conseguem obtê-lo, em consequência de se conectarem com seus valores essenciais e trabalharem a partir da humildade.

Os eneatipos Três como consumidores: vão procurar uma compra eficiente e bem-feita. Priorizam a aquisição de produtos que lhes atribuam status: relógios, bolsas, tecnologia de ponta, telefones caros, carros etc. Em suas compras, não apenas procuram o produto em si, mas sobretudo prevalece o prestígio que terão depois de adquiri-lo.

Vão analisar a compra com grande agilidade mental. Internamente vão fazer contas do que gastam, do que ganham e do que acontece ao desembolsar esse dinheiro. Costumam ter tudo calculado de forma estratégica. Dar um ponto sem nó não está dentro de suas possibilidades.

Para vender para os Três, é preciso projetar emocionalmente neles a imagem que vão obter com a compra, destacando o status do que eles estão adquirindo. São compras aspiracionais.

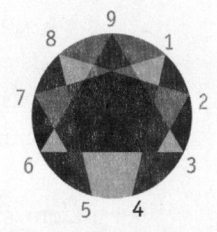

O eneatipo Quatro e o dinheiro

> O dinheiro está prostituído, é uma coisa mundana que nós seres humanos inventamos. Ele pouco tem a ver com minha maneira de ser e de ver a vida.

Nicolás tem quarenta anos, mora na Costa Rica e seu sonho é viver de marcenaria. Atualmente trabalha em meio expediente na seção de atendimento ao cliente de uma empresa de alimentos e dedica a outra metade do dia à fabricação e reparo de móveis. Ele diz que não trabalha por dinheiro, sente que está "acima" de temas tão "terrenos e vazios".

Os eneatipos Quatro, como Nicolás, veem o dinheiro como um meio para comprar aquilo que lhes dá alegria e alimenta a alma. Tendem a gastar dinheiro em coisas que são bonitas, agradáveis de ver e, principalmente, diferentes "do típico". Valorizam que os objetos que possuem ou experiências que vivem sejam especiais, românticos.

> Tenho um emprego de meio expediente que serve para me sustentar, mas minha verdadeira paixão é criar móveis de madeira. Eu me considero um artista, uma pessoa criativa. Quando eu tiver o dinheiro que me permita cobrir meus gastos vitais, vou ficar contente e me concentrar em minha paixão.

Os Quatro carregam uma grande carga de crenças relacionadas ao dinheiro. Eles falam sobre essas crenças de forma aberta e se apegam a elas para justificar as decisões monetárias que tomam na vida. Até a falta de dinheiro justificam pela ideia que geraram interiormente sobre ele.

> Sinto que poderíamos viver em um mundo sem dinheiro. Que valor a mais ele tem além da troca? Para ser sincero, o dinheiro em si é algo bastante banal. Enfim, eu gosto que as coisas que temos ou compramos tenham um sentido especial.

Eles podem se ligar de maneira natural e automática com a escassez, já que tendem a se comparar e a pensar que nunca chegarão a ser pessoas abundantes. Sentem-se menores que os outros e por isso experimentam a inveja. Geralmente, não costuma ser uma inveja material, mas uma "inveja emocional", pelo que a outra pessoa é ou como ela se comporta, mais do que pelo que ela tem.

Às vezes sentem medo de ficar sem dinheiro e levam os pensamentos ao extremo, à catástrofe monetária. Inclusive são propensos à falência.

É frequente que os Quatro tenham muita criatividade e talentos especiais, mas, como um dos aspectos a melhorar, devem reduzir seus desejos constantes de serem únicos e especiais para viver de forma mais mundana e fazer as pazes com o dinheiro.

Quando sua autoestima enfraquece, não deixam de acreditar que podem viver de sua paixão. Costumam se especializar em uma área concreta, deixando de lado a parte mais empresarial, o que os leva uma situação precária de trabalho.

Habilidades:

- São fiéis a seus valores e crenças para poder destinar o dinheiro e a energia ao que consideram correto.
- Gastam dinheiro em objetos agradáveis, diferentes e que decoram um espaço com harmonia. Conectam-se energeticamente com eles, pois lhes fazem bem.
- Capacidade de atrair a energia do dinheiro. Em certas ocasiões o dinheiro chega a eles de forma rocambolesca e no momento em que mais precisam.

Aspectos a melhorar:

- Mostram certa tendência à carência. Costumam contar com o mínimo para viver e podem até falir por gastar mais do que têm.

- Livrar-se de tantas crenças negativas é um dos passos primordiais para deixar a escassez e valorizar mais o dinheiro.
- Organizar e controlar suas finanças. Isso não é atraente para eles, que não demonstram interesse, o que ocasiona problemas econômicos.

Que sentimento os leva à escassez? A inveja. Eles sentem inveja e acham que se o outro está se saindo bem financeiramente, sabe-se lá o que ele fez para isso. Julgam, criticam e se comparam.

O que os leva à abundância? A gratidão pelo que têm. Deixarem de olhar para os outros com olhos de carência e se concentrarem em agradecer e valorizar tudo o que já têm. É muito fácil para os Quatro se esquecerem do que já possuem e dos privilégios com os quais vivem.

Estratégia com o dinheiro: personalizar. Atribuem um significado pessoal a cada objeto que compram com seu dinheiro, para demonstrar a si mesmos e ao mundo que vivem com estilo próprio.

Desejos econômicos: ter para poder dar para o mundo, com tranquilidade, seus dons e talentos especiais.

Medo monetário: serem iguais ao resto das pessoas. No momento em que percebem que têm um comportamento ou crença monetária idênticos ao da maioria da população, eles podem chegar a sentir vergonha de si mesmos.

Pensamento dominante: "O pior está por vir." Pensamentos catastróficos dominam sua mente em relação ao dinheiro. É frequente que distorçam a realidade unicamente pensando em tudo de negativo que pode acontecer e que o pior está para chegar.

O dinheiro permite que: eles se sustentem, que vivam o dia a dia e que possam dedicar tempo a seus hobbies. Às vezes podem rentabilizar estes últimos, mas na grande maioria dos casos não fazem isso.

Como podem se distanciar da energia do dinheiro? Deixando passar oportunidades. Devido a suas fortes crenças, podem deixar passar oportunidades de negócio ou de trabalho por medo de levar uma vida comum ou vulgar.

O que têm de aprender? A encontrar um sentido no dinheiro. A não estar em luta com ele, a mudar suas crenças para melhorar sua relação com o dinheiro. Assim, e botando os pés no chão, finalmente vão poder viver de forma autêntica e abundante, sendo fiéis à sua essência e identidade.

Os eneatipos Quatro como consumidores: vão procurar coisas de qualidade, priorizando a estética. Querem que o que comprem seja especial, diferente e vá além do status. O que procuram é um produto único (edições limitadas, coleções numeradas, produtos feitos à mão etc.). Podem até mesmo adquirir coisas que tenham valor sentimental, mas não tenham nenhuma utilidade.

Gostam de sentir que estão destinando seu dinheiro a produtos ou serviços que, em parte, são uma representação de sua própria identidade. Eles precisam se conectar com a marca ou o objeto. Principalmente, na hora de comprar, não gostam de passar uma imagem de pessoa comum nem de que segue tendências generalistas.

Para vender para os Quatro, é necessário falar com eles sobre a essência e a alma do produto ou serviço que estão prestes a comprar. É necessário acentuar (se for certo) que aquilo que vão adquirir é algo que não está na moda no momento, que eles podem ser uns dos poucos a possuí-lo. Compra garantida!

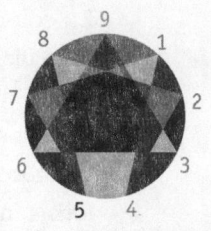

O eneatipo Cinco e o dinheiro

> Fico satisfeito se tenho dinheiro suficiente para viver de forma discreta. Não preciso de muito mais. Quando vejo pessoas que buscam constantemente dinheiro e mais dinheiro, sempre me pergunto por que eles o desejam tanto se ele não faz falta.

Martín tem 35 anos e trabalha como auxiliar de voo em uma empresa aérea espanhola. Está solteiro, não tem interesse em ter família e também não planeja mudanças muito grandes em sua vida. Valoriza a estabilidade econômica, a tranquilidade e o fato de dar passos monetários sobre terra firme.

Os eneatipos Cinco, como Martín, procuram a liberdade. O dinheiro permite que fiquem tranquilos, tenham seu refúgio e seus caprichos. São resistentes a contrair dívidas, por isso não compram aquilo que não podem pagar. Não querem dever dinheiro e também não querem que devam a eles. Se têm alguma dívida, vão se sentir amarrados e escravizados por outra pessoa, instituição ou empresa.

> Valorizo o dinheiro pela liberdade e a independência que me proporciona. Ele me dá tranquilidade, me sinto seguro e cuido de meus bens. Não gosto de depender de ninguém nem que ninguém dependa de mim.

Gostam de cuidar dos próprios recursos, produtos e espaços. Valorizam o que têm porque costumam consegui-lo com certa dose de esforço. Geralmente são poupadores, pouco gastadores e vivem de acordo com suas possibilidades.

> Eu sou como uma formiga trabalhadora. Estou trabalhando duro todo dia. Todo mês, antes de pagar qualquer gasto, faço um pagamento a mim mesmo com grande parte de meu salário. Faço isso desde os 15 anos, e esse dinheiro vai para uma poupança na qual não toco. Ninguém sabe quanto dinheiro eu tenho. Poupar dessa forma me tranquiliza. Saber que não vou ficar na penúria se acontecer algo ruim no trabalho é importante.

Os Cinco são os mais austeros de todo o eneagrama e precisam de poucas coisas para serem felizes. Eles se comportam de maneira simples e não costumam se meter em negócios, empreendimentos ou investimentos que não dominam. "Tenho a capacidade de precisar de poucos produtos e serviços no meu dia a dia. Isso faz com que eu não tenha a ambição de ganhar mais."

Apesar de não terem grandes necessidades, quando desejam alguma coisa não sentem nenhum problema em fazer um gasto alto. Por outro lado, podem não ser generosos na hora de emprestar seu dinheiro, seu tempo e sua energia para outras pessoas.

É frequente ver eneatipos Cinco de idade avançada que continuam ocupando postos de trabalho de baixo escalão. Isso repercute em suas finanças e faz com que a acumulação de riqueza seja uma matéria pendente em suas vidas.

Habilidades:

- Grandes poupadores, pouco gastadores. Costumam contar com um colchão financeiro que gera tranquilidade.
- Prudentes e coerentes na hora de comprar. São pouco impulsivos gastando dinheiro. Avaliam bem se realmente precisam do que vão adquirir.
- Grande controle de suas finanças e movimentos. São organizados e têm poucas surpresas.

Aspectos a melhorar:

- Evitam os grandes sacrifícios para conseguir mais dinheiro. Em certas ocasiões, consideram que têm de se expor em demasia para consegui-lo e preferem não fazer isso.

- Precisam ousar e passar para a ação. Sem assumir certos riscos, as probabilidades de levar uma vida mais sem graça aumentam de forma considerável.
- É difícil para eles monetizar seus conhecimentos e habilidades. A vida passa, e eles não são capazes de obter um rendimento econômico correspondente a tanta sabedoria interna.

Que sentimento os leva à escassez? "É impossível conseguir o que realmente quero." É frequente que pensem não ter as capacidades necessárias para aumentar seus rendimentos ou que seus objetivos são inalcançáveis. Podem se desmotivar, perder a confiança em si mesmos e, depois de muitas voltas, ficar na mesma situação de sempre: a inércia.

O que os leva à abundância? Dar. O fato de dar dinheiro os ajuda a socializar mais, a se interessar pelos outros e a entrar no mundo das outras pessoas. Não é fácil para eles, nem acontece de forma natural, o fato de dividir(-se), mas é um grande passo para melhorar a relação com o dinheiro.

Estratégia com o dinheiro: minimizar. Os Cinco pensam que, se minimizam suas necessidades, têm menos amarras econômicas e maior liberdade.

Desejos econômicos: independência, não estar amarrado a ninguém, controlar o dinheiro.

Medos monetários: aumentar gastos desnecessários, afundar-se em dívidas e ficar sem recursos.

Pensamento dominante: "Tenho medo de perder o que já tenho." Preocupam-se mais em não perder o que têm do que em buscar mais dinheiro e bens.

O dinheiro permite que: decidam o que fazer com seu tempo, para viver sem amarras e se recarregar de energia vital.

Como podem se distanciar da energia do dinheiro? Com a falta de curiosidade. Sem curiosidade, não entendem como se faz dinheiro e outras regras econômicas básicas, que fariam com que tomassem decisões financeiras diferentes para melhorar sua qualidade de vida.

O que têm de aprender? A agir. Precisam ter coragem de buscar novas fontes de renda e investir o dinheiro que têm parado, para que evoluam e se abram a novas possibilidades. Quando agem, coisas novas acontecem.

Os eneatipos Cinco como consumidores: gostam de uma experiência de compra simples, direta e na qual seja trocada a menor quantidade de palavras possível. Sua mente ágil, analítica e de matiz técnico estará sempre ativa em toda compra e venda, concentrando-se muito na qualidade do produto.

Não gostam que os angustiem nem invadam seu espaço. Se não for assim, vão se sentir desconfortáveis e vão deixar de comprar.

Não costumam se adaptar a modas nem opiniões populares, por maior que seja a pressão social, se não se encaixarem neles. Na verdade, diante do primeiro impacto desse comportamento tendem a se afastar. No momento de comprar, vão analisar bem as consequências do gasto em questão e avaliar e investigar tudo relacionado com sua aquisição. Se concluem que o produto ou serviço que está sendo oferecido não vai ser realmente útil, vão desistir dele sem sombra de dúvida.

Para vender aos eneatipos Cinco, é primordial estudar bem os detalhes dos produtos ou serviços oferecidos a eles. Eles vão questionar e querer saber tudo sobre aquilo em que estão prestes a gastar um dinheiro que tanto valorizam. Vão fazer muitas perguntas, pondo à prova a paciência do vendedor. Inclusive, vão querer validar pessoalmente o que, sem dizer nada, já investigaram por conta própria.

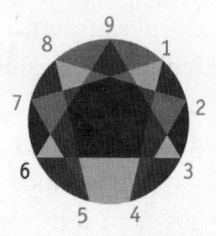

O eneatipo Seis e o dinheiro

> O dinheiro me traz a felicidade e a tranquilidade de poder suprir minhas necessidades básicas. Em momentos em que não tive isso, me senti mal, muito ansiosa. Fico tranquila quando tenho uma proteção econômica que garanta minha sobrevivência.

Sara tem 38 anos, é mãe solo e trabalha como enfermeira de um centro cirúrgico. O dinheiro gera tranquilidade e a mantém em uma zona de conforto em que se sente bem. Terminou os estudos com 23 anos e nunca saiu de seu posto de trabalho no hospital. "Do jeito que estão as coisas hoje em dia, agradeço pela estabilidade que me dá um contrato fixo."

Os eneatipos Seis são poupadores por natureza e costumam contar com uma reserva com a qual se sintam protegidos caso surja algum imprevisto. Não são propensos a realizar movimentos arriscados com o dinheiro e fazem tudo com prudência, analisando opções e cenários possíveis. Não querem surpresas, sustos nem hipóteses que não tenham sido previstas.

Paradoxalmente, os Seis podem chegar a experimentar comportamentos extremos e opostos em questão de horas.

> Às vezes eu não me entendo. De manhã posso estar em um supermercado comparando os preços dos produtos por horas para economizar alguns centavos e na mesma tarde gastar trezentos euros em um tratamento de pele. Tenho contradições com o dinheiro.

Na hora de investir seu dinheiro, são cautelosos e desconfiados. Não são amigos do risco nem da incerteza. Caso escolham um canal de investimento, vão preferir o que oferece menor risco e menor rentabilidade ao que oferece volatilidade alta e ganhos potenciais mais elevados. Também não vão colocar o dinheiro que custou a eles conseguir em lugares onde não haja transparência absoluta.

Os eneatipos Seis não costumam se interessar por temas econômicos nem têm muita vontade de aprender sobre educação financeira, por isso tendem a recorrer a pessoas de confiança (parceiros, pais, irmãos ou assessores) para que os ajudem. Quando encontram a pessoa certa, confiam cegamente nela e lhe delegam tudo.

Habilidades:

- Boa gestão de seu dinheiro. Valorizam-no, costumam poupar e são cautelosos com ele. Se precisam apertar os cintos, fazem isso com facilidade.
- São supergenerosos com seus familiares e amigos. Vão prestar a eles qualquer tipo de ajuda econômica sempre que possível. São desapegados e dedicados.
- Fazem um grande trabalho de investigação antes de adquirir um produto ou serviço. Perguntam, aprendem e fazem comparações para não errarem.

Aspectos a melhorar:

- Alto grau de inocência. Confiam tanto na autoridade e nos outros, que acreditam nas versões oficiais de instituições e bancos sem questioná-las.
- Excesso de rigidez. A obsessão pela segurança pode levá-los a querer controlar todas as áreas de sua vida. Aqui aparecem o sofrimento e a ansiedade.
- Desconfiança extrema. De cara costumam desconfiar das pessoas, dos negócios e das oportunidades de investimento. Abrir-se oferece a eles novas oportunidades.

Que sentimento os leva à escassez? O medo de um futuro sombrio. Fazem projeções para o futuro e tendem a insistir nos aspectos negativos em potencial, chegando a imaginar alternativas catastróficas para seu dinheiro e sua vida.

O que os leva à abundância? Olhar para dentro. No momento em que trabalham suas emoções de maneira profunda, começam a fortalecer o músculo da confiança. Quando a autoestima está mais alta, e eles põem seus próprios dons e talentos a serviço dos outros, o dinheiro chega de forma mais fluida.

Estratégia com o dinheiro: gestão. São bons gestores do dinheiro tanto pessoal quanto familiar se decidem se dedicar a isso. Controlam gastos, fazem previsões e podem reduzir um orçamento de maneira lógica e equilibrada, sem chegar a extremos.

Desejos econômicos: ter tranquilidade econômica e, dessa posição, viver mais no presente e sem tantas angústias por tudo de ruim que possa acontecer.

Medos monetários: não ter uma reserva para imprevistos, investir e perder por não analisar bem os riscos e que seus pensamentos catastróficos se tornem realidade.

Pensamento dominante: "O mundo é um lugar perigoso, eu posso cair se não tiver apoio." Preocupam-se com a possibilidade de não ter poupança e perder a certeza de que conseguirão assumir a responsabilidade caso surja um imprevisto ou emergência.

O dinheiro permite que: experimentem a segurança necessária para viverem relaxados, tranquilos e sem tanto estresse.

Como podem se distanciar da energia do dinheiro? Por uma incapacidade de enfrentar a incerteza, chegando a experimentar altos picos de ansiedade.

O que têm de aprender? A se soltar, a confiar e a se despreocupar. Aprender a investir e a movimentar o dinheiro, a liberar o controle e a deixar acontecer o que queiram o mercado e a vida. Tudo o que funcione e opere com abertura e flexibilização fará muito bem a eles.

Os eneatipos Seis como consumidores: procuram em quem confiar e em quem não confiar, não apenas em relação às pessoas, mas também às empresas e produtos ou serviços oferecidos. Vão investigar e comparar todos os detalhes. Vão buscar comentários de clientes e recomendações na internet, verificando várias vezes para se assegurarem de que estão fazendo uma boa escolha na hora de consumir ou não.

Vivem desconfiados porque acham que alguma coisa pode dar errado. E se isso acontecer, não hesitarão em reclamar se o produto não atendeu a suas expectativas. É comum que tenham suas marcas de confiança ou estabelecimentos onde costumam ser clientes frequentes. São fiéis a eles e não veem motivo para buscar novas alternativas.

Para vender para um eneatipo Seis, é imprescindível mostrar as garantias do produto, que ele saiba que conta com um bom serviço pós-venda e que pode ter alguém da marca à sua disposição para ajudá-lo e assessorá-lo no que for necessário. É preciso transmitir a ele segurança absoluta na hora de efetuar a compra e que ele sinta confiança.

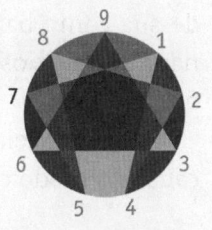

O eneatipo Sete e o dinheiro

> O dinheiro é um fator muito importante na minha vida. Ele me permite fazer as coisas de que mais gosto e me dá a liberdade de movimento de que preciso. Em épocas em que não tenho dinheiro, me sinto presa e restrita. Fico realmente mal. Odeio que a falta de dinheiro corte minhas asas para fazer o que quero.

Agustina é fotógrafa e organizadora de eventos. Ela trabalha para uma pequena empresa de Barcelona na qual tem um bom horário e um salário que permite que leve a vida que deseja.

Os Sete, como Agustina, valorizam o dinheiro e consideram que dispor dele os permite ter uma vida mais satisfatória. "O dinheiro me dá liberdade, opções e possibilidades. Para mim é como a gasolina que me permite ter experiências divertidas, viver bem e aproveitar."

Mas paradoxalmente costumam ser desapegados dele. Gostam de gastá-lo, investi-lo e movimentá-lo. É fácil que embarquem em novas aventuras empresariais e econômicas. Procuram emoções novas e fortes e adrenalina que os mantenham vivos em projetos que os entusiasmem.

A energia que Agustina irradia é contagiosa. Ela nunca quer perder nenhum evento, viagem, refeição e oportunidades que vão surgindo.

> Digo sim a tudo o que fazem meus amigos e familiares. Com isso, sempre chego ao final do mês zerada, à beira da falência econômica. Não sei em que gasto nem como gasto. Inclusive, precisei me endividar para poder viver o dia a dia.

Devido a seu comportamento impulsivo, ao saber que se excederam em seus gastos, são capazes de ficar semanas sem ver as movimentações de sua conta bancária. Em sua atitude mais infantil, decidem enganar a si próprios e não conhecer a verdadeira situação econômica em que vivem.

Pablo, parceiro de Agustina, costuma ter discussões com ela por causa do modo como se relaciona com o dinheiro.

> Ela prefere não ver em que gasta nem como. Enquanto o cartão passar, sente que tudo está bem e que dispõe de dinheiro suficiente para viver bem. O dia em que ele é negado, ou que acontece um imprevisto, é quando se preocupa, e chega a ansiedade.

Os Sete adiam ter de tomar decisões incômodas relacionadas com o dinheiro. Não estão dispostos a realizar um trabalho que, *a priori*, consideram entediante, como organizar suas próprias finanças. "Não quero me limitar a deixar de fazer coisas para não gastar. Também não quero viver com orçamentos limitados. Se tenho, eu gasto", diz Agustina.

Esbanjar e comprar sem refletir sobre o gasto e as possíveis consequências de seus próprios atos em médio e longo prazo é um comportamento habitual desse eneatipo.

Além disso, eles são propensos a ir a extremos, razão pela qual podem ter enormes picos com o dinheiro: ganhar muito ou perder tudo.

Habilidades:

- São capazes de construir uma reserva de tranquilidade, valorizando a poupança e tendo estabilidade econômica.
- São excelentes para detectar oportunidades e gerar dinheiro. Conseguem boas conexões pessoais e profissionais.
- Têm as ideias claras, são trabalhadores incansáveis e se empenham em conseguir dinheiro com facilidade.

Aspectos a melhorar:

- Nunca têm o suficiente, sempre querem mais. Têm uma alma faminta por dinheiro, e a busca por ele pode deixá-los obcecados.
- São propensos aos vícios, por isso podem esbanjar seu dinheiro num piscar de olhos.

- Em sua ânsia por dinheiro, podem chegar a cometer diversas ilegalidades para conseguirem o que acham que precisam.

Que sentimento os leva à escassez? O vizinho tem o jardim mais verde. A insatisfação crônica de que padecem faz com que olhem constantemente para os outros, se comparem e nunca estejam satisfeitos. Costumam demonstrar uma ambição desmedida por conseguir mais dinheiro, comparando-se e vendo o que os outros têm mais que eles.

O que os leva à abundância? Destacar opções, se concentrar e se comprometer. O dinheiro chega quando eles são capazes de se concentrar e simplificar suas vidas fazendo menos e se aprofundando em uma área concreta. Não pisar de leve e ser persistente são a chave para poderem se conectar com a energia do dinheiro.

Estratégia com o dinheiro: a oportunidade. Os Sete são especialistas em detectar oportunidades de negócio. Podem ver dinheiro onde os outros não veem. Têm faro para estar no lugar e no momento certos.

Desejos econômicos: sentirem-se livres, satisfeitos e sem amarras para aproveitar a vida à sua maneira.

Medo monetário: a carência, situação que os levaria a se sentirem aprisionados, restritos, sem a capacidade de escolher.

Pensamento dominante: "A vida e o dinheiro existem para serem aproveitados."

O dinheiro permite que: escolham o que fazer em cada momento e não tenham a sensação de que estão se limitando ou perdendo alguma coisa.

Como podem se distanciar da energia do dinheiro? Com insaciabilidade. Podem chegar a perder tudo por sentirem que nunca têm o suficiente. Para viverem equilibrados, precisam perceber quando estiverem prestes a tomar uma decisão que possa resultar em consequências ruins ou catastróficas em sua vida.

O que têm de aprender? A se organizar e a pensar em longo prazo. Amadurecer economicamente para os Sete significa começar a organizar suas finanças para controlar de onde vem e para onde vai o dinheiro. Serem mais previdentes, fugirem dos caprichos e não caírem na armadilha de seus impulsos vão proporcionar a eles um benefício em longo prazo.

Os eneatipos Sete como consumidores: não vacilam na hora de gastar dinheiro, são práticos e costumam ir direto ao ponto, sem rodeios. Gostam de compras agradáveis, longas e, se possível, divertidas. Valorizam que haja certa cumplicidade com o vendedor, que tudo corra com facilidade, fluência e felicidade.

Não se sentem confortáveis com as decisões de compra que exijam fazer averiguações exaustivas e comparações. Mostram-se fugidios, têm preguiça. Se sua compra exige muito envolvimento e pesquisa, vão pedir ajuda e delegar o trabalho tedioso a outra pessoa para em seguida pedir conselho a ela sobre o que analisou.

Para vender para um eneatipo Sete, é recomendável não o pressionar, buscar a conexão pessoal e mostrar todos os benefícios que a vida dele terá ao adquirir o produto ou serviço. A venda deve ir direto ao ponto, sem enrolação ou exageros. Se ela for feita de forma rápida, ele vai agradecer.

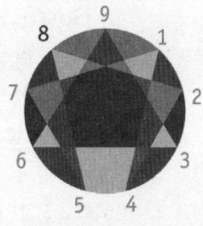

O eneatipo Oito e o dinheiro

> Na minha vida quero o que me faz bem, aquilo de que gosto e o que me dá controle sobre meu tempo. E o dinheiro é uma dessas coisas. Trabalhei por muito tempo para poder viver sem amarras. Na verdade, posso fazer isso porque sempre reagi e tive as coisas claras.

Pablo está casado, tem duas filhas e é dono de uma rede de restaurantes. Ele tem uma energia dominante e se preocupa em manter o controle absoluto de suas finanças. O dinheiro lhe dá poder, e ele se sente à vontade com isso.

> Gosto de decidir. Não gosto que me digam o que tenho que fazer nem de ser controlado por ninguém. Nenhum chefe, banco, pessoa... ninguém.

Os eneatipos Oito honram sua essência levando dinheiro para casa e sustentando sua família. Cuidam dela proporcionando energia, segurança e dinheiro. Quando fazem isso se sentem bem, poderosos e com uma grande confiança em si mesmos.

Com frequência podem apostar em excesso no risco e na sorte, fazendo um "tudo ou nada" em um investimento. São capazes do melhor e do pior em relação ao dinheiro e vivem na linha tênue entre a audácia e a temeridade. "Acho que tenho uma grande capacidade de testar, investir e gerar dinheiro. Não tenho medo na hora de me arriscar em algum projeto ou negócio novo."

Com os Oito, as contas devem ser claras, e as letras pequenas, bem explicadas:

Gosto de saber onde ponho meu capital, o que vai ser feito com ele e como são todas as cláusulas. Odeio que me enganem e quero honestidade, lealdade e transparência total na hora de fazer negócios.

Devido a seu grande poder de agir e fazer com que as coisas aconteçam, costumam gerar dinheiro de uma forma ou de outra. E é habitual que, quando consigam, o exibam de forma exagerada e extravagante. Eles gostam de comprar e consumir.

Não apenas gastam em seus próprios hobbies, mas também podem ser muito generosos com os outros, desembolsando grandes quantias de dinheiro. É habitual que abasteçam seus convidados com excessivos produtos, comidas e bebidas, com o objetivo de mostrar que podem pagar.

Um de seus maiores aprendizados é saber em que momento acionar o freio de mão para apostar no pequeno. Diante da dúvida, a contenção pode ser uma grande aliada que proporcione resultados favoráveis. Não se deixar levar por seus impulsos nem por essa parte visceral é a origem de uma boa relação com o dinheiro.

A verdadeira riqueza chega para eles depois de anos de esforço e com o sentimento de luta em suas costas. É comum que, no fim das contas, confirmem que sempre tiveram essa segurança interna de que as coisas sairiam como pensavam.

Habilidades:

- Pensam grande. Têm uma mentalidade de abundância que os motiva a assumir novos desafios, fazer investimentos fortes e passar à ação com determinação.
- Segurança em si mesmos. Não têm problemas para admitir seus desejos econômicos e os planos que têm para atingi-los. Sua segurança os torna atraentes.
- Capacidade de aprender. Nas áreas que não entendem completamente, têm uma atitude admirável de aprender, que lhes permite obter os conhecimentos necessários para se converterem em pessoas autônomas e autossuficientes.

Aspectos a melhorar:

- Saber frear. Os Oito devem entender que gerar riqueza demanda tempo, saber observar, frear e agir com estratégia. Não se trata de fazer por fazer.
- Solicitar ajuda. É difícil para eles pedir assessoramento financeiro ou uma visão externa de seus movimentos com o dinheiro. Preferem agir por conta própria, mesmo que o risco de erro aumente.
- Moderar seus excessos. Podem estar arruinados ou cheios de dólares. O excesso desenfreado pode acarretar graves consequências.

Que sentimento os leva à escassez? Não se divertirem enquanto geram dinheiro. Os Oito vivem como se estivessem brigados com o mundo, em luta constante. Caso se esqueçam de aproveitar, rir e se divertir enquanto trabalham, se desconectam de si mesmo e expõem sua faceta mais agressiva.

O que os leva à abundância? Manter um perfil discreto. Seu caminho passa pelo entendimento de que a verdadeira riqueza não deve ser exposta, mas é aquela que não se vê. Desse modo, começam a poupar e a não esbanjar dinheiro em excentricidades para impressionar os outros com o poder que têm.

Estratégia com o dinheiro: multiplicar. Os Oito podem se tornar grandes investidores, já que veem o risco como uma oportunidade. Eles têm facilidade para multiplicar seu dinheiro.

Desejos econômicos: criar seu próprio destino, inspirar os outros com sua confiança e sustentar sua família.

Medos monetários: depender de terceiros, se sentirem traídos e terminarem sendo enganados.

Pensamento dominante: "Se tenho dinheiro, posso mandar."

O dinheiro permite que: tenham o controle de suas vidas, tomem suas próprias decisões e não se sintam dependentes de nada nem de ninguém.

Como podem se distanciar da energia do dinheiro? Arriscando além de suas possibilidades. Os Oito devem compreender que sua liberdade e sua independência não têm preço, que seus familiares e amigos também não têm. Mas o que pode custar a eles um preço muito alto é assumir riscos que os façam perder o que já possuem, por ter uma ambição descontrolada.

O que têm de aprender? A sustentar o estado de abundância. Uma coisa é ganhar dinheiro e outra bem diferente é conservá-lo. Os Oito podem ser muito hábeis em gerar riqueza, mas se veem incapazes de mantê-la. Sustentar a abundância exige humildade e austeridade, aspectos que devem ser trabalhados.

Os eneatipos Oito como consumidores: vão direto ao ponto, são práticos e não gostam de perder tempo. Querem a todo momento ter as rédeas da situação e exercer o poder do seu jeito. Parecem saber tudo sobre o produto, talvez isso dê a sensação de que escutam pouco, mas estão muito atentos a todos os detalhes que lhes digam.

Mostram-se firmes com o vendedor para dar a imagem de que em todo momento têm o controle de suas emoções, de seu dinheiro e da compra. Frequentemente vão procurar objetos que sejam representativos de seu poder e de seu status. Não vão procurar tons cinzentos nem meio-termo, mas optar por extremos.

Para vender para um eneatipo Oito, é preciso ser direto, franco e não fazer rodeios. Assim ele vai se sentir confortável e ver que o vendedor e ele falam a mesma língua. Nunca se deve enganá-lo, e é conveniente que você saiba que é ele quem está decidindo e que o vendedor está apenas o ajudando a escolher aquilo de que precisa. A experiência de compra deve ser precisa e correta.

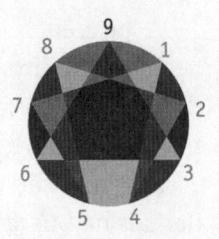

O eneatipo Nove e o dinheiro

O dinheiro me dá a tranquilidade e o conforto com os quais gosto de viver no dia a dia. Meu filho sempre me diz que eu poderia empreender, fazer um negócio ou outro, mas sempre chego à mesma conclusão: por que vou me esforçar tanto se o conforto que tenho é o que quero ter? Eu não quero me estressar.

José María é arquiteto, tem 55 anos e trabalha em um escritório de arquitetura nos arredores de Buenos Aires. Seu horário é intensivo, mas às três horas termina sua jornada de trabalho.

O dinheiro que recebo não é muito, mas me permite ter conforto, viver como eu quero e levar o estilo de vida de que gosto. Valorizo ter essa combinação da segurança de meu salário com o tempo livre.

Os eneatipos Nove são pessoas que buscam a paz e a tranquilidade na vida. E isso também se reflete no âmbito econômico. Eles se revelam prudentes com suas finanças, não são grandes esbanjadores e desejam ter dinheiro para estarem confortáveis na vida cotidiana. Não costumam estabelecer grandes objetivos econômicos e estão mais concentrados no aqui e agora do que pensando em tudo com que vão se deparar no futuro.

O dinheiro não me valida como pessoa. Antes eu trabalhava com o objetivo de conseguir sucesso profissional, mas, sinceramente, meu valor pessoal não depende da quantidade de dinheiro que eu tenha, mas de me levantar toda manhã tranquilo, relaxado e em paz comigo mesmo.

A prudência é uma de suas características principais. Os Nove veem o dinheiro como algo meramente funcional e não se envaidecem do que têm ou fazem, preferem viver sem mostrá-lo. Valorizam o dinheiro como a ferramenta que leva a paz a seu dia a dia.

Sua ambição costuma ser mais limitada, por isso não se esforçam demais na busca por dinheiro. Preocupam-se mais com a falta dele do que com o propósito de acumulá-lo.

Também não agem com orçamentos rígidos nem controlam em detalhes suas finanças pessoais. "Enquanto tudo estiver sendo pago, tudo bem. As pessoas pensam e analisam demais. Eu tenho certa preguiça e sinto que me gera mais estresse controlar meu dinheiro do que não fazer isso." É difícil para eles manter a continuidade e a constância, por isso é comum que abandonem os processos que levam a uma ordem e uma estrutura detalhada em sua gestão econômica.

Podem economizar dinheiro em casa, mas quando viajam querem passar bem e ter férias ou estadia confortáveis. O conforto é primordial para eles.

Se veem que o dinheiro pode ser uma fonte de conflito entre familiares ou amigos, são capazes de renunciar a ele para manter o vínculo.

Habilidades:

- Sistematizam, delegam e se livram. São hábeis automatizando pagamentos, economias e delegando gestões, assim não destinam energia a coisas de que não gostam.
- São generosos com o dinheiro. Isso dá tranquilidade aos que estão à sua volta, já que eles ajudam e gostam de compartilhar dele com as pessoas queridas.
- São investidores pacientes e com visão de longo prazo. Avaliam cenários de investimento com uma perspectiva ampla, conservadora e que lhes dê paz.

Aspectos a melhorar:

- Prestar mais atenção. Controlar suas finanças pessoais é algo que devem trabalhar para cuidar de seu dinheiro e viver sem estresse.

- Preocupar-se sem se ocupar. Eles sentem que não poderão manter o que têm, que deveriam procurar alternativas, mas... não costumam reagir e ficam na mesma situação.
- Complacência exagerada. Tolerância excessiva com os parceiros ou familiares diante de gastos exagerados que afetam diretamente suas vidas.

Que sentimento os leva à escassez? Não se valorizarem. É difícil para eles pedir um aumento ou que lhes paguem de acordo com sua contribuição. São capazes de deixar de reclamar por algo que mereçam para evitar conflitos ou momentos de tensão. Têm grande potencial, mas não sabem se vender.

O que os leva à abundância? A confiança em seu instinto. Sua serenidade e harmonia os levam a vibrar na abundância. Têm a sensação de que, mesmo estando em um mal momento econômico, o dinheiro chega sempre que é preciso.

Estratégia com o dinheiro: equilibrar. O Nove é capaz de viver equilibrado em riqueza, saúde e felicidade, sabendo que a direção em que se movimenta é mais importante que a velocidade com que faz isso.

Desejos econômicos: ter dinheiro para não se preocupar, não prestar atenção nele e levar uma vida confortável e sem conflitos econômicos.

Medos monetários: não ter dinheiro e que sua paz seja afetada por isso. Também temem ter discussões por questões financeiras que possam gerar tensão e distanciamento dos demais.

Pensamento dominante: "Gasto dinheiro em minhas necessidades básicas sem me estressar."

O dinheiro permite que: mantenham a tranquilidade e possam se ocupar de suas atividades diárias em seu próprio ritmo.

Como podem se distanciar da energia do dinheiro? Menosprezando a si mesmos. É possível pagar pouco a eles, aproveitando-se deles. Às vezes se conformam com pouco ou mesmo com menos do que merecem.

O que têm de aprender? A botar o foco em suas habilidades. Para poderem brilhar, precisam se conhecer e se concentrar em potencializar seus dons e talentos com o objetivo de que o dinheiro entre de forma abundante. Devem deixar de ser dóceis e mansos e passar a ter uma atitude mais direta, segura e ativa.

Os eneatipos Nove como consumidores: desejam uma compra tranquila, com amabilidade e sem pressão. Não são muito diretos, mas procuram se sentir bem acolhidos e corretamente atendidos. Costumam ir aos lugares que conhecem à procura de comodidade na hora de comprar. São clientes fiéis, recorrentes e querem tratamento natural.

Não discutem preços, também não tomam decisões que comportem responsabilidade em excesso ou um esforço monetário elevado. É difícil para eles decidir de imediato o que compram e, por isso, vão consultar familiares, parceiros ou amigos para saber se estão fazendo uma boa compra ou não. É comum que digam "Volto mais tarde" ou "Tenho que consultar meu parceiro" quando têm sérias dúvidas se compram ou não.

Para vender para um eneatipo Nove, é fundamental não o atormentar nem o pressionar. Do contrário, ele vai se sentir desconfortável, vai sair assustado e não vai voltar nunca mais. É importante se colocar na situação dele como comprador, conectando-se com ele de coração, mantendo a distância e o respeito, com o objetivo de que confie na palavra de quem está vendendo.

CONCLUSÕES

Neste momento, é possível que você tenha mais claro qual é seu tipo de personalidade e sua relação com o dinheiro. Apesar disso, também há pessoas que estão em dúvida entre dois ou três eneatipos e se veem muito identificadas com eles.

Descobrir seu eneatipo dominante e seus padrões financeiros nem sempre é tarefa fácil. Às vezes, isso demanda tempo. É necessário que você faça uma pausa e olhe para os comportamentos que prevaleceram durante a maior parte de sua vida. Aí você vai encontrar mais respostas.

Por outro lado, *Dinheirograma* tenta explicar que existem diferentes maneiras de pensar, sentir e atuar em relação ao dinheiro. Essa diversidade de personalidades destaca que o que para algumas pessoas pode ser um grande conselho financeiro, para outras pode ser nefasto.

Dizer aos eneatipos Dois que eles deveriam ser mais generosos com o dinheiro e pensar mais nos outros poderia significar que afundassem em suas próprias feridas e continuassem cometendo os mesmos erros de sempre. Dizer aos eneatipos Sete em momentos de estresse que eles deveriam correr mais riscos na hora de investir seria como jogar mais água em pessoas que correm perigo de se afogar.

Por isso, nessa segunda parte do livro, proponho a você um mapa a ser seguido para alcançar a verdadeira fartura e desfrutar da tranquilidade econômica em função de quem você é e de como você quer viver. Para que o plano de ação surta efeito, você deve ter uma forte motivação de mudança.

Você já sabe que não acredito em varinhas mágicas para conseguir dinheiro rápido e fácil. Você consegue isso sabendo de onde parte, para onde se dirige, conhecendo os passos que vai dar, desenvolvendo os comportamentos adequados e executando ações com uma mentalidade de longo prazo. Dessa forma, cedo ou tarde os resultados chegam.

Isso pode não ser tão atraente quanto dizer que você vai descobrir a fórmula secreta para ficar milionário, o que seria uma falta de respeito com sua inteligência, mas o que vou apresentar aqui funciona.

Acreditei, por muitos anos, em promessas como "segredos únicos", "fórmulas infalíveis", "dinheiro sem esforço" e outras tantas sandices que me levaram a cometer erros enormes com meu dinheiro. Isso vou contar mais à frente.

Agora deixe que explique a você com detalhes os nove passos para conseguir a verdadeira riqueza na sua vida.

Se eu consegui, então você também pode. Estou convencido de que esses passos vão ajudá-lo.

Vamos!

Segunda parte
Nove passos para a verdadeira riqueza

A VERDADEIRA RIQUEZA: O CONTROLE DE SEU TEMPO

Em seguida, vou apresentar a você os nove passos para conseguir a verdadeira riqueza e alcançar seu estilo de vida ideal. Você já sabe que para mim não há maior sinal de abundância que viver a vida que se deseja e dedicar tempo às pessoas que ama e àquilo que decidiu fazer livremente.

Avalio a felicidade pela capacidade de escolha e de movimento que tenho no dia a dia. Milhões de pessoas ao longo dos anos debateram sobre o que é felicidade e não encontraram um ponto de vista único, mas ter liberdade para controlar sua vida, sabendo que você estabelece as regras, está bem perto do que, para mim, é a felicidade.

E para alcançar esse estado é preciso, em parte, ter dinheiro. Não é o objetivo final, mas um meio que ajuda (e muito) a comprar essa liberdade. Você pode gostar mais ou menos da ideia, mas essas são as regras do jogo.

Os nove passos que vou detalhar a seguir se aplicam a pessoas solteiras, casadas ou divorciadas, com parceiros, com ou sem filhos, empreendedoras ou assalariadas. Independentemente de sua situação pessoal, profissional ou do estilo de vida que leva, você pode usar o caminho proposto para melhorar sua vida.

Trata-se de passos básicos de mentalidade, inteligência econômica e abundância que, depois de conhecidos, são capazes de gerar mudanças radicais de vida. Minha transformação pessoal no que se refere a dinheiro está modelada por esse caminho. As pessoas de meu círculo que aplicaram os passos também atingiram seus objetivos financeiros e alcançaram a verdadeira riqueza: levar o estilo de vida que desejam.

Cada um dos nove passos está relacionado de forma precisa com a energia dominante e os comportamentos de maior destaque de cada eneatipo. Em cada passo aparecem os pontos fortes, os talentos e habilidades mais característicos do eneatipo em questão. Não vou me aprofundar no eneagrama de forma direta nesta última parte do livro. Mas, se prestar atenção, você vai perceber que os comportamentos de cada eneatipo estão implícitos em cada um dos nove passos. Saberá detectá-los se compreender a ferramenta e os diferentes tipos de personalidade.

Por exemplo, no primeiro passo, você verá que as aptidões e comportamentos mais positivos do eneatipo Um, como a ordem, a estrutura e o fato de ser previdente, são aqueles de que precisa para pôr em ação seu plano econômico e de vida.

No quinto passo, você entenderá por que é tão importante se mover a partir dos desejos e melhores comportamentos do eneatipo Cinco, como a prudência, a vida sem amarras e o fato de priorizar a liberdade e a independência, para seguir adiante com seu mapa.

Como você já sabe, nenhum eneatipo é melhor ou pior que outro. Contudo, estou certo de que aprender as habilidades emocionais de cada eneatipo vai nos permitir ter uma relação melhor com o dinheiro. Porque o que pode ser natural para você, para mim pode não funcionar bem. E vice-versa, eu posso ajudá-lo inspirando comportamentos nos quais você vacila.

Aprender sobre os nove eneatipos nos garante adquirir os melhores atributos da condição humana e nos motiva a nos desenvolvermos pessoal e espiritualmente ao adotarmos os comportamentos mais essenciais de cada um dos tipos.

Eu me reuni com pessoas que, sem estudo e sem formação econômica, tinham resultados financeiros melhores que outras com doutorado em economia e mestrado em suas áreas. Isso acontece com maior frequência do que imaginamos, já que o dinheiro é uma dessas áreas nas quais o que uma pessoa sabe nem sempre é tão importante quanto as crenças, atitudes e comportamentos que possui.

Sua situação financeira é um reflexo fiel e verdadeiro de como você pensa, como se movimenta, o que aplica e como gere sua relação com o dinheiro.

Na verdade, como repeti em inúmeras ocasiões em minha vida e neste livro, insisto que não acredito nas fórmulas mágicas nem em nada que se imponha de maneira rígida e inflexível. É importante que você saiba que este processo de nove passos pode ser alterado, mudado e personalizado a seu gosto. Você tem permissão para descartar os pontos do plano que não tiverem serventia e adaptá-lo à sua maneira.

Há pessoas que não partem da primeira fase porque já a superaram. Pois bem, elas já terão percorrido um dos noves passos que proponho e, portanto, estarão mais perto da verdadeira riqueza.

E conforme você vai ficando mais inteligente com seu dinheiro, mais passos você poderá dar de forma simultânea. Não se trata de sair de um e ir para o próximo, esquecendo-se do anterior. Realize diversos passos em paralelo e perceberá que os resultados chegam de forma exponencial.

Mas, veja bem, não pule nenhum passo na hora da leitura, já que esta é uma metodologia que vai guiando você até o ponto reconfortante de fartura e equilíbrio pessoal, profissional e econômico.

Três formas de viver

Você verá que na hora de se relacionar com o dinheiro, há três fases definidas que deve atravessar para conseguir a verdadeira riqueza:

- Modo sobrevivência
- Modo *reset*
- Modo abundância

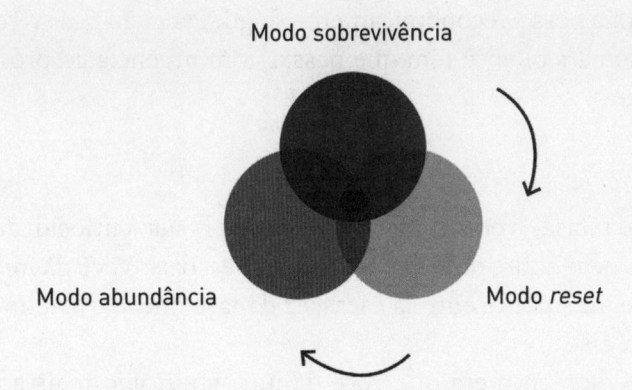

Modo sobrevivência

Alguns mais, outros menos, mas todos transitamos pela primeira fase. Na verdade, e lamentavelmente, ela é a mais habitual. Consiste em estar em modo sobrevivência: quando entra dinheiro e você paga serviços, impostos e dívidas, compra produtos e gasta em diferentes áreas pessoais e de lazer.

É a fase em que está, de forma mais ou menos consciente, a maioria das pessoas adultas em seu dia a dia. Nesse modo de viver, as pessoas não têm inquietações econômicas, mas sofrem com a ansiedade e o estresse ao se verem presas a uma rotina da qual é complicado sair.

Você pode pensar que sair dela é questão de ter mais ou menos dinheiro. Porém, como vai comprovar nas páginas seguintes, isso não é certo. Você pode estar ganhando R$ 60 mil por mês, viver com luxo, e ainda assim estar nessa primeira fase. Não é questão de quantidade, mas de mentalidade, hábitos e comportamentos.

Os estados emocionais ou atitudes que costumam ser encontrados nessa primeira fase são resignação, ignorância absoluta, olhar focado no curto prazo, distanciamento para observar a realidade de outra perspectiva, incapacidade de ação para melhorar a situação econômica ou impulsividade excessiva nas ações apresentadas no dia a dia.

Expressões como "é o que temos", "não sou feliz, mas do jeito que estão as coisas não posso reclamar de estar ganhando salário mínimo", "o dinheiro nos escapa das mãos" ou "não tenho tempo para nada" são habituais e estão ligadas à resignação e à inação.

O primeiro objetivo é tomar consciência de que permanecer nessa fase o torna uma pessoa economicamente frágil. Para não ficar vivendo no piloto automático, você tem que passar com urgência ao próximo modo de viver.

Modo *reset*

Nesta segunda fase, você começa a despertar sua curiosidade de aprender e estudar sobre dinheiro e finanças pessoais. Você dá início à construção de uma ponte entre a escassez da fase inicial e a abundância da terceira fase.

Esse é um momento em que você dá um significado mais amplo para o dinheiro, para a forma com que se relaciona com ele e para a vida em geral. Você deixa de olhar a curto prazo para observar com perspectiva e distância a longo prazo.

Além disso, vai sendo forjado um nível maior de responsabilidade no controle de sua economia pessoal e familiar, o que leva você a investigar, experimentar, agir com curiosidade e ver de outra perspectiva alguns de seus comportamentos habituais na relação com o dinheiro.

Você começa a questionar as crenças que tem sobre ele e adquire hábitos econômicos mais saudáveis ao colocar em prática o que aprendeu. Por último, vendo resultados satisfatórios, você confirma a direção econômica e o estilo de vida que quer levar.

Modo abundância

Na fase final, você adota uma atitude focada na ação, cria oportunidades tanto de negócios quanto de investimentos e encontra um equilíbrio pessoal, profissional e econômico verdadeiro e rico.

Você trabalha sua mentalidade, é capaz de ter uma visão alternativa do dinheiro e experimenta a verdadeira riqueza, que consiste em ser dono de seu tempo de forma absoluta.

Quando chega a esta fase, encontra o jeito de levar seu estilo de vida ideal. Você tem suas próprias regras, as aplica e ninguém o controla, já que é você quem administra sua agenda.

Você toma decisões inteligentes destinando os recursos para conservar e aumentar sua liberdade.

PRIMEIRA ETAPA: MODO SOBREVIVÊNCIA

Na primeira fase, você vai começar a encontrar seu estilo de vida ideal, definirá como quer viver e saberá que ações deve incorporar a seu dia a dia para atingir seus objetivos econômicos.

Graças à energia do eneatipo Um, podemos começar a impor controle e ordem em nossa vida. O eneatipo Dois vai nos ajudar a estabelecer limites e a não gastar mais do que devemos. Por último, o eneatipo Três vai incentivar que sejam alcançadas metas econômicas e vai trazer maiores rendimentos.

Nesta fase é de importância vital construir alicerces sólidos para edificar uma vida de fartura na qual haja um controle sobre nossas decisões e um caminho claro a percorrer com determinação e prazer.

Passo um: travesseiro financeiro

Um americano e sua bússola

Em 2016 me mudei para a Costa Rica com minha parceira. Ficamos lá dois anos trabalhando, empreendendo e economizando. Detectamos uma possibilidade de negócio (uma marca de roupa feminina) no país centro-americano e rapidamente vimos que poderia ser um passo apropriado para levar nosso estilo de vida ideal.

Em uma semana de dezembro, comparecemos a um evento de moda em Guanacaste, no nordeste da Costa Rica, na fronteira com a Nicarágua. Passamos uma semana hospedados em um hotel de frente para a praia. Havia um belo ambiente *hippie-chic* que reunia americanos, canadenses e europeus de camisas de manga curta, shorts coloridos e pranchas de surfe.

Todos os dias, enquanto comíamos o famoso *gallo pinto* no café da manhã, prato típico da América Central com arroz e feijão, eu via um homem de cerca de sessenta anos sentado sempre à mesma mesa. Ele tinha cabelos brancos, a pele muito bronzeada e andava com um sorriso no rosto.

Chamava minha atenção sua capacidade de observar, sorrir e aproveitar tudo o que fazia. Ele também sempre pedia exatamente o mesmo: um suco de abacaxi, torradas com geleia de tamarindo e um copo extragrande de água gelada.

Mas, acima de tudo, ficava curioso pelo fato de que ele vivia com uma caderneta na mão. Ele tomava notas de maneira constante. Estava sempre sozinho e a única coisa que fazia era olhar, escrever, sorrir e desaparecer.

Cada dia em que a mesma cena se repetia, minha curiosidade de saber o que escrevia esse homem, ao que ele dedicava suas horas e o que pensava sobre a vida crescia de forma exponencial.

Certa manhã forcei um encontro no bufê do café da manhã e aí começou uma bela conversa que mudou minha vida e que complementei com uma bateria de perguntas.

Ele se chamava Sam, era médico e vinha de Chicago. Fazia quatro meses que viajava pela Costa Rica e ainda não sabia quando ia deixar o país.

Depois de alguns minutos, tomado de certa confiança, perguntei a ele:

— O que você anota na caderneta?

— O que vou sentindo e fazendo no dia a dia. Se gosto de alguma coisa, eu anoto. Se não gosto de alguma coisa, também anoto. Além disso, aqui tenho escrita minha bússola de vida.

— O que é isso?

— O exercício que mudou minha vida e hoje me permite estar aqui com você, *Don Nachou* — disse ele com seu sotaque americano.

Ele soube captar minha atenção.

— É uma lista que escrevi, faz quase dez anos, das coisas que queria e das que não queria em minha vida. E sabe que poder isso tem? Se converteu em minha bússola na hora de tomar decisões. Graças a essa lista, sei a direção que tenho de seguir na vida e que caminhos não me servem. Isso é o que me mantém e não me desvia na hora de alcançar meu estilo de vida ideal.

Havia oito anos que Sam tinha abandonado o consultório médico que seu bisavô deixara de herança para seu avô, que por sua vez passou para seu pai e que finalmente acabou nas mãos de Sam.

Todos tinham trabalhado como médicos na clínica. Entretanto, Sam não queria continuar passando anos inteiros enfiado em uma sala de nove metros quadrados atendendo pacientes. Tinha entrado nisso por tradição familiar, sem se questionar se era o estilo de vida que desejava levar.

Ele pegou uma caderneta, anotou tudo o que queria e o que não queria fazer na vida e trabalhou para montar um plano financeiro que permitisse realizar seus sonhos. Anos mais tarde, e depois de muita dedicação e comprometimento, ele estava conseguindo. No dia seguinte, marcamos de tomar café da manhã e ele nos mostrou seu mapa e os passos que tinha dado para ser economicamente livre. Eu contei a ele qual era o estilo de vida pelo qual trabalhava e meu plano econômico para concretizá-lo.

Ao terminar de explicar meu mapa, que vou detalhar para você mais à frente, ele me disse:

— Muito bem, Nacho. Você já tem o quê e vai encontrar o como. O caminho se faz andando, e as respostas aparecem à medida que você avança e toma decisões a partir do que quer e do que não quer em sua vida.

Sam me convidou a fazer o exercício. Ele comentou que, na verdade, saber com clareza para onde desejamos ir é mais simples do que imaginamos, mas exige que nos conheçamos e contemos verdades para nós mesmos.

Hoje, olhando para trás, posso afirmar que o que ele me explicou estava certo. Não é fácil, não há fórmulas mágicas nem verdades absolutas, mas é mais simples do que eu acreditava inicialmente. Sam, que nos últimos cinco anos tinha estudado economia, destacou com insistência a importância de ter controle sobre meu dinheiro e de me educar mais no âmbito financeiro.

Ele foi o grande motor que me levou a me formar em economia, finanças pessoais e investimentos.

Antes de se despedir para fazer um passeio a cavalo, Sam terminou seu suco de abacaxi, olhou para mim e, rindo, brindou:

— *Nachou*. Esta é a verdadeira riqueza. Faço o que tenho vontade e ninguém me controla, hahaha!

O dinheiro resolve todos os problemas?

O dinheiro não resolve todos os problemas da vida, isso é óbvio. Mas, como já comentamos, ele resolve todos os problemas econômicos da vida. E esse já é um grande indicador de que devemos prestar muita atenção nele.

Ter uma conta bancária cheia permite que levemos nosso estilo de vida ideal independentemente de qual seja ele, qual tenhamos escolhido. Sentir que controlamos nossos movimentos e que somos donos de nosso destino nos dá uma possibilidade de escolha maior.

Angus Campbell, psicólogo americano da Universidade de Michigan, realizou um estudo para saber o que deixava as pessoas felizes. Em seu livro *The Sense of Well-Being in America*, ele mostrou que a sensação de controlar a própria vida é o indicador mais confiável de ter um sentimento positivo de bem-estar. Isso predomina sobre qualquer outra condição objetiva de vida que ele e sua equipe analisaram.

Isso quer dizer que decidir como aproveitar o tempo é o que deixa as pessoas mais felizes. A liberdade e a capacidade de ter controle sobre sua agenda é indispensável para ter uma existência plena. E não se trata de comparar se é melhor viver na praia, na montanha ou na cidade. Não se trata de sentenciar se a felicidade passa por ter ou não ter filhos, parceiro ou animais de estimação. Também não faz diferença se você tem de empreender ou trabalhar para os outros.

A chave para alcançar a verdadeira riqueza está em nos conhecermos, ver como queremos viver e dispor do dinheiro que nos permita levar esse estilo de vida. Por isso devemos aprender, criar um plano e dominar as regras do dinheiro com base em quem somos e no que queremos.

Ao longo da minha vida, compartilhei momentos, férias e negócios com pessoas (*a priori*) ricas, que tinham contas bancárias cheias de zeros, mas não eram capazes de decidir o que fazer com sua vida. Eram meros fantoches de outras pessoas, de um chefe desequilibrado, de seu status, de seu negócio ou de sua personagem pública.

Muitos zeros na conta, mas escravos de terceiros. Quinze dias de barco em Ibiza a todo vapor, um Audi Q8 todo equipado na garagem, mas 350 dias de escravidão. A luta para aumentar o status é o câncer da classe média que aparenta ser rica, mas vai construindo uma ponte direta na direção da escassez.

O que muitos ignoram é que gastar dinheiro para mostrar a outras pessoas quanto você tem é a maneira mais rápida de ter menos dinheiro.

Muito dinheiro, pouca liberdade. Essa fórmula não me convence. Quero dinheiro e, é claro, liberdade. Os dois. Eu vou explicar, mas deixe-me contar uma coisa que vai interessar a você (e muito).

Defina seu estilo de vida

Uma das primeiras perguntas que é preciso responder para botar ordem em sua vida é: "Qual é meu estilo de vida ideal?"

Assim como as empresas fazem um plano de negócio, devemos ter um plano para levarmos a vida que realmente queremos. Porém, a maioria das pessoas não faz isso.

Se sabemos para onde nos dirigimos, é mais fácil tomar decisões que estejam alinhadas com nossa maneira de viver. Ter uma visão de vida é o ponto de partida mais honesto e real para conseguir a verdadeira fartura.

Saber como queremos viver, onde, com quem, de que maneira, com que orçamento e que atividades exercer dá a informação necessária para caminhar na direção certa.

Além disso, se seu rumo está claro, você pode detectar quando está tomando decisões ridículas e incoerentes que o afastam do seu objetivo. Vai perceber quando as peças não se encaixam e em que momento você está atrapalhando seus planos.

É necessário que tenha consciência (e diga a verdade para si mesmo) de seus planos e das decisões que toma. Seu estilo de vida ideal é compatível com o fato de ter uma relação tradicional com seu parceiro? Você está morando no país certo ou na cidade indicada? Você trabalha com o que deseja? Você está construindo a empresa que realmente quer? (se é isso o que você quer, claro).

Para poder encontrar a direção clara de sua vida, quero dar a você um áudio de presente, no qual ensino como fazer o que naquele momento me recomendou Sam. São os exercícios que eu mesmo fiz e que me ajudaram a viver como eu desejava: livre, sem amarras e me dedicando àquilo de que gosto.

Mas atenção! Meu estilo de vida ideal pode não ser igual ao seu. Você deve encontrar o seu próprio estilo e começar a construí-lo, sabendo nitidamente o que você quer. Não há melhores nem piores, apenas verdades que saem do coração.

Entre em www.nachomuhlenberg.com/dinerograma e acesse gratuitamente o áudio e os exercícios. Eu recomendo de coração que você os faça, já que são o primeiro grande passo na direção da verdadeira riqueza. Pare de fugir de seu verdadeiro rumo e comece a construir seu próprio caminho para a consciência.

Crie seu travesseiro financeiro

Primeiro objetivo:
Não estar a um mês da falência financeira

Para vivermos nosso estilo de vida ideal, devemos começar a construir sobre terreno sólido. Ir dormir sabendo que você tem um sustento econômico que o amorteça em caso de queda é sinônimo de tranquilidade.

É simples, parece óbvio, mas independentemente da quantia que você receba não se pode estar a um mês de não dispor de dinheiro para pagar seus gastos básicos.

Na pesquisa da Confederação Nacional do Comércio de Bens, Serviços e Turismo (CNC), sobre endividamento e inadimplência do Consumidor (Peic), constatou-se que o endividamento médio das famílias brasileiras, em 2022, foi de 77,9%, sendo que 8,9% estão inadimplentes. Em 2019, esses números eram de 63,6% e 24%.

Um aspecto de destaque, e que é ainda mais preocupante, é que essa pesquisa não leva em conta as pessoas que chegam de forma folgada ao fim do mês, mas que estão igualmente a trinta dias da falência econômica. Se um mês elas não receberem seu pagamento ou se tiverem um grande imprevisto, sua situação econômica seria dramática e elas não poderiam cobrir suas despesas mensais.

Para não estar nessa posição de extrema fragilidade, o primeiro passo é começar a criar com urgência seu travesseiro financeiro. Chamo de "travesseiro financeiro" um fundo mínimo de R$ 15 mil que permite que você vá para a cama com certa tranquilidade, sabendo que se em um mês acontecer um imprevisto você tem algum dinheiro para se proteger.

Os R$ 15 mil podem parecer pouco (ou não), mas é primordial tê-los e não tocar neles em nenhuma circunstância, a menos que seja uma urgência real. Esse não vai ser o colchão de segurança (já veremos como criá-lo de maneira efetiva mais à frente), mas vai ser um movimento indispensável para não viver no limite.

Se você não sabe como fazer isso, nem por onde começar, no passo seis você verá quais ações podem ajudá-lo de maneira efetiva. O importante é estabelecer o objetivo de conseguir o travesseiro financeiro de forma urgente e como prioridade econômica máxima.

Contudo, independentemente de sua situação financeira, seu faturamento ou seu salário, você deve destinar no mínimo 10% de seus rendimentos totais para ir criando seu fundo de emergência de R$ 15 mil.

Neste primeiro passo, vamos propor um percentual pouco ambicioso e mínimo de 10%. Mais à frente, no passo seis, veremos por que a chave está em aumentar esse número.

É provável, contudo, que você experimente a necessidade de pagar os pedágios que talvez nunca tenha estado disposto a pagar. Talvez seja preciso fazer mais horas extras no trabalho ou no negócio, buscar outro trabalho do qual não goste, suprimir todo tipo de lazer durante um tempo ou se alimentar à base de arroz branco durante um mês e meio.

Lamento, mas se você não tem um travesseiro financeiro, vai ter de consegui-lo com sacrifício.

Lembre-se de que isso é temporário e faz parte do plano. Não é um estilo de vida permanente, mas ações a serem feitas para você não se ver em uma posição totalmente indefesa.

Insisto, qualquer que seja sua situação, você precisa com grande urgência conseguir esse dinheiro em sua conta corrente ou em espécie.

Muitas pessoas que vivem um dia de cada vez e que chegam sem dinheiro ao fim do mês podem achar que é impossível conseguir R$ 15 mil extras. Mas, com esforço, constância e criatividade, você consegue. Dizem que a necessidade aguça a engenhosidade, e é hora de demonstrar isso.

Você pode ter esse travesseiro financeiro no banco ou em sua casa. Só precisa levar em conta duas premissas:

1. A primeira é que você o use apenas para emergências e imprevistos de primeira necessidade.
2. A segunda é que você tenha acesso de forma imediata ao dinheiro quando precisar dele.

O convite de um amigo para passar um fim de semana em Fernando de Noronha não é uma emergência. Querer jogar golfe também não é. O lançamento do novo telefone com câmera de trilhões de megapixels para subir suas fotos nas redes sociais e aparecer com seus amiguinhos tampouco.

Entretanto, se o computador quebra e você trabalha com ele, sim, é uma emergência. Se você tem um aquecedor com defeito, também. Se um molar racha e você precisa fazer um implante, mais do mesmo. Acho que está claro o que é e o que não é uma emergência verdadeira.

O objetivo desse pequeno fundo é evitar contrair dívidas se surgir um contratempo. É evidente que R$ 15 mil não resolveriam graves problemas econômicos, mas ajudam a enfrentar pequenos tropeços financeiros, gastos inoportunos e urgências pessoais. É o primeiro passo na direção de uma saúde financeira ótima.

Mas, caso você necessite, por exemplo, de R$ 4 mil de seu travesseiro financeiro para um gasto imprevisto, você deverá repor esse dinheiro o mais rápido possível. Lembre-se de que esse pequeno fundo é para sua própria proteção, por isso, se usar o dinheiro, você deve repor.

Uma vez que você tenha o travesseiro financeiro que lhe permita ter certa margem de movimento e tranquilidade emocional, você poderá seguir para o passo dois. Trata-se de um passo que muitas pessoas não valorizam, mas, se você não for capaz de realizá-lo, nunca vai dominar o jogo do dinheiro.

Passo dois: *follow the money*

O assassino silencioso

Em 2017, com nossa empresa têxtil na Costa Rica, da qual falei no capítulo anterior, atingimos o objetivo econômico de nos aproximarmos de cem mil euros em um ano.

Passamos de ganhar seis mil euros mensais a conseguir a mesma quantia em dois dias com nossos *showrooms* privados. Mudamos nosso modelo de negócio, e os benefícios se multiplicaram. Nesse momento, tivemos um grande clique econômico e rompemos um teto de vidro mental que nos limitava para poder gerar mais dinheiro.

Nesse ano, faturamos 95 mil euros. Nossa renda aumentou consideravelmente em relação aos anos anteriores. Estávamos contentes por termos triplicado o faturamento em apenas um ano com um negócio simples, altamente rentável e de criação recente.

Entretanto, de alegria em alegria caímos em uma armadilha: começamos a gastar mais dinheiro. Muito mais dinheiro. Quanto mais entrava, mais gastávamos.

Quando fizemos o balanço do ano, vimos algo que nos chamou poderosamente a atenção: em 2016, nosso ano inicial, faturamos 35 mil euros e gastamos 28 mil. Restaram sete mil limpos, que foram destinados à poupança familiar.

Um ano mais tarde, faturamos 95 mil euros e gastamos 93.800, quase o triplo de faturamento e uma diminuição de 83% de poupança, visto que sobraram apenas 1.200 euros anuais de lucro líquido.

Você poderia achar que foi porque fizemos um grande investimento na empresa, porque destinamos um orçamento muito amplo para o *branding*, para o marketing, para a comunicação, ou porque os gastos com logística dispararam. Mas não foi isso.

Gastamos mais porque entrou mais dinheiro. Começamos a usar o dinheiro da empresa em gastos cotidianos pessoais. Comprávamos mais roupa, tecnologia desnecessária e objetos inúteis para a casa. Começamos a viajar mais e decidimos que almoçaríamos e jantaríamos sempre fora para não lavar pratos e ganhar tempo. Afinal... a empresa pagava...

Adotamos novos hábitos que não tínhamos e que fomos normalizando. Começamos a destinar dinheiro para supostas necessidades que antes não tínhamos. Aumentamos nosso ritmo de vida de forma desenfreada, cometendo um erro grotesco para nossas finanças.

Nesse momento, compreendemos que os gastos são como uma espécie de gás que vai se expandindo sem avisar e sem ser percebido. O gasto exagerado é o assassino silencioso que pode destruir famílias e empresas. Aumentar despesas à medida que aumenta nossa receita não só não nos leva a conseguir a verdadeira riqueza, como nos afasta dela.

De que maneira solucionamos isso? Vou explicar em seguida.

Se você não controla seu dinheiro, ele controla você

Este segundo passo para alcançar a verdadeira riqueza não é atraente para a grande maioria das pessoas, mas é indispensável para conseguir liberdade. Além disso, é bastante simples.

Segundo objetivo:
Tenha o controle de seus gastos

O passo dois consiste em que a partir de agora você tem que controlar cada centavo que entra e sai de sua vida.

Cada centavo? Sim.

Todos? Sim, todos.

Até o café que tomo no bar e que me custa R$ 5? Correto.

Vou comprar um chocolate para meu filho que custa R$ 3 e também tenho de controlar isso? Isso mesmo.

Tenho de anotar também a compra do supermercado? Imagino que você já saiba a resposta. Sim, sim e sim.

Cada real que sai de sua carteira ou de sua conta bancária deve ser anotado. Cada centavo que entra em sua carteira ou em sua conta bancária também deve ser anotado. Muito simples. Pode parecer estressante no princípio, mas não se preocupe, neste capítulo vou ensinar como fazer isso de uma forma que vai até parecer agradável.

Alguns dias antes de começar esse exercício pela primeira vez, há quase cinco anos, achava que tinha sob controle o dinheiro que entrava e saía. Porém, ao fazer isso percebi que estava errado. Muito errado.

Acreditava que, em linhas gerais, sabia o que gastava comendo fora de casa, com gasolina ou com roupa, mas na verdade não era assim. Não sabia, apenas acreditava, o que é muito diferente. Deixar de supor e começar a somar, subtrair, dividir e multiplicar, como se fosse uma criança pequena, mudou minha vida. Pode parecer piada, mas é verdade.

Preguiçoso, mas eficiente

Muitos ficam presos a esse ponto e o subvalorizam, e eu entendo isso. Consideram que fazer uma contabilidade doméstica detalhada é tedioso e não serve para nada. Eu era dos que pensavam assim, juro que não poderia ter mais preguiça. Sentia até que o fato de controlar cada centavo era coisa de gente com mentalidade de escassez. Mas nada está mais longe da realidade.

Em seu livro *O milionário mora ao lado*, Thomas J. Stanley e William D. Danko destacam que um grande percentual das pessoas que são milionárias nos Estados Unidos e que possuem um grande patrimônio mantêm um controle detalhado do que gastam de forma mensal e anual.

Por outro lado, as pessoas que possuem pouco patrimônio não têm seus gastos sob controle. Não sei você, mas eu tenho bem claro de que lado sempre quero estar. Pelo menos queria experimentar isso para comprovar se fazia efeito ou não, já que tanto falam disso.

Manter um controle minucioso do dinheiro é a maneira de ter consciência dos movimentos reais de sua vida. No que gasta o dinheiro diz muito sobre como você é e quais são suas prioridades na vida.

Graças ao controle de suas finanças, você vai poder detectar para onde vai grande parte do dinheiro, quais são esses gastos diários que, acumulados mensalmente, fazem a diferença, ou aquilo que supostamente é importante para você, mas que, depois de um mês, você não está dando importância. Saber a verdade pode ser doloroso, mas é curativo para sua economia pessoal.

Se ganha R$ 3 mil ou R$ 30 mil por mês, você deveria seguir o rastro de seu dinheiro. Hoje, com os recursos tecnológicos que temos à nossa disposição, é muito simples.

Este segundo passo é um convite a deixar de ser descuidado e desorganizado para ser preciso e impecável com suas finanças. Efetuando esse controle de gastos, você verá a curto, médio e longo prazo enormes mudanças em sua relação com o dinheiro.

Como eu faço isso?

Há muitas ferramentas para seguir o rastro de seu dinheiro: como o próprio Excel, aplicativos de todo tipo para o celular, o método japonês Kakebo, programas de computador etc. No âmbito pessoal, sou muito básico, e fizemos uma coisa que funciona tanto para mim quanto para minha parceira.

Nós criamos um grupo de WhatsApp que chamamos de "Gastos". Nesse grupo estamos apenas ela e eu, e nele há duas regras que não podem ser descumpridas:

A primeira é que devemos escrever todos os gastos que fazemos, absolutamente todos. Você já sabe, você anota tanto um pão quanto um sapato. E a recomendação é que você faça isso logo depois de pagar.

Tenho de admitir que em minha família transformamos isso em um hábito. É como acordar e escovar os dentes. Eu não penso nisso, sai no automático. Eu pago com o celular (tenho o cartão configurado) e assim que termino de pagar algo, abro o WhatsApp e anoto o gasto. Por exemplo: "73,48 euros — supermercado."

A segunda regra é que não podemos conversar nesse grupo. Vemos apenas números para poder mantê-lo limpo. As conversas entre mim e ela, fazemos no chat habilitado para isso.

Uma vez por semana, abro o computador e dedico dez minutos a botar no Excel todos os dados divididos em categorias. Se quer saber como faço isso, vou dar de presente a você meu Excel particular para que você possa experimentá-lo.

Visite www.nachomuhlenberg.com/dinerograma e você vai encontrar, para baixar gratuitamente, o recurso que uso na vida pessoal.

Converter isso em um hábito

Não vou negar que, nos primeiros dias, registrar cada euro que saía tanto da carteira de minha parceira quanto da minha foi trabalhoso. Mas, apesar da preguiça que isso nos dava, sabíamos que era uma parte necessária do caminho na direção do domínio de nossa economia e de nossa vida.

Não sabíamos se faríamos isso por toda a vida com tanto detalhe, mas tínhamos a certeza de que era aquilo de que precisávamos no momento. Conhecer que gastos eram apropriados, conscientes e gratificantes para nós e quais eram desnecessários era a chave para saber se estávamos nos aproximando ou distanciando do nosso estilo de vida ideal.

Jamais pensamos que manter um controle de gastos seria tão revelador para nossas finanças pessoais e familiares. Nós ficamos precisos e impecáveis com nosso dinheiro, e isso nos levou a reduzir nossos gastos de forma consciente e voluntária.

Isso nos permite:

1) Poupar mais dinheiro e, assim, ganhar liberdade e levar nosso estilo de vida ideal.
2) Investir mais capital, o que nos aproxima da verdadeira riqueza. Mas isso vou explicar mais à frente, porque faz parte dos passos seguintes.

Pequenos passos, grandes avanços

Graças a esse sistema, comprovamos que nossas finanças gozam de uma saúde melhor. Tomamos decisões econômicas mais adequadas, nossos hábitos mudaram e as necessidades diminuíram de forma natural. Sabemos do que precisamos para sermos felizes (menos do que imaginávamos) e gastamos em comum acordo. Parece curioso, mas funciona.

No momento em que escrevo estas linhas, deixamos de monitorar detalhadamente cada gasto que temos. Já sabemos quanto custa para manter nosso estilo de vida ideal e continuamos sendo cuidadosos com nossas finanças, mas, em lugar de um controle tão rígido, nos concentramos mais no passo três do que no segundo.

Nós, como casal, em função da fase em que estamos, vamos encontrando uma fórmula que nos serve, mas isso não quer dizer que funciona da mesma maneira para todo mundo. No que tange à organização do dinheiro, toda pessoa, família ou casal tem de encontrar o que seja útil para cada caso.

Ter um parceiro e filhos não é a mesma coisa que estar solteiro ou ter um parceiro com quem você não mora. Cada pessoa tem seu próprio ecossistema econômico, com sua singularidade e seu tipo de personalidade.

Convido você a encontrar sua fórmula e que ela tenha como ingrediente tudo aquilo que seja útil e aproxime você da vida que deseja. Lembre-se: sua vida, suas regras.

Na vida pessoal, entendo minha parceira como minha companheira de vida. Somos um núcleo familiar no qual todo dinheiro que entra é para a família. Cada um tem sua própria conta corrente, mas pensamos e agimos de forma conjunta. O famoso "tudo é de todos".

E o fato de nos sentarmos frequentemente para falar de dinheiro, ver os gastos e comentar um com o outro nossas inquietações, medos e desejos faz com que sejamos mais conscientes do que gastamos e em que gastamos. Somos uma equipe na hora de cuidar das finanças familiares, e a honestidade é um valor intrínseco na relação.

Sem dúvida, detalhar nossos gastos no WhatsApp não significa controlar o que a outra pessoa está fazendo. Também não implica que haja restrições, já que cada um cuida de seu dinheiro, é um adulto responsável e sabe que há interesses e necessidades em comum, mas também interesses pessoais e caprichos que nos fazem felizes.

> **Atenção:** quando uma pessoa começa a organizar suas finanças pessoais, é comum chegar a extremos adotando comportamentos restritivos. Isso não é recomendável, já que esses planos frugais ficam insustentáveis com o tempo.

Expor à luz nossas finanças pessoais com o outro nos permite detectar padrões e hábitos de comportamento e ajustar e recalibrar nossa estratégia econômica. Sem obsessões, não mesmo, mas com consciência e um equilíbrio econômico e emocional saudável.

Controlar seu dinheiro, poupar mais e começar a experimentar a sensação de liberdade preparam você para o terceiro passo. Esse é um dos mais cruciais, já que vai levar você mais rápido até a verdadeira riqueza.

Deixe que eu explique, porque pode mudar sua vida. Em meu caso, foi o que ele fez.

Passo três: multiplique rendas

Operação Valentina

A essa altura do caminho rumo à verdadeira riqueza, você já viu que ter um travesseiro financeiro de uns R$ 15 mil dá a você um pequeno fôlego e certa tranquilidade para se movimentar em caso de urgência econômica. Não é muito dinheiro, mas é um começo que toda pessoa que esteja lendo este livro deve ter como primeiro passo.

Além disso, como vimos no capítulo anterior, conhecer em detalhes para onde vai cada um dos centavos que entram e saem permite a você ajustar e ter consciência de toda a sua movimentação financeira.

Pois bem, para ir deixando para trás a fase de sobrevivência e mergulhar no próximo nível, existe uma premissa que vai levá-lo a começar a jogar em níveis mais altos: você tem de aumentar o dinheiro que entra em sua conta corrente. Chega o momento de mudar de mentalidade com o objetivo de gerar novas fontes de renda.

Em 2010 fui morar em Bali (Indonésia) com Rodri, um de meus melhores amigos. Fomos com a intenção de abrir um bar-restaurante. Ele se dedicava ao ramo de restaurantes havia anos, mas eu não tinha ideia de como funcionava o setor. O que eu tinha era dinheiro economizado que queria investir e muita vontade de aprender. Eu entrava com o capital e a atitude; Rodri, com o *know-how* e outro percentual do capital. Parecia bom na teoria, mas nada disso funcionou na prática. As coisas mudaram de rumo, e isso vou explicar mais à frente.

Bom, na ilha dos deuses, hoje convertida em um paraíso natural (e fiscal) para muitos nômades digitais, começamos a entrar em contato com diversos investidores estrangeiros que tinham negócios montados ali, com o objetivo de aprender e coletar *feedback*.

Durante uma festa privada, um dos lugares indicados para fechar acordos, fazer *networking* e conhecer pessoas que nos ajudassem a crescer, conhecemos uma italiana que mudou minha mentalidade na hora de fazer negócios e ganhar dinheiro.

Valentina, morena, alta e com uma atitude brilhante, tinha 48 anos no dia em que nos foi apresentada por um amigo em comum. Ela era a dona de uma marca de bolsas na Indonésia, tinha uma empresa de entrega em domicílio em Milão e administrava outro pequeno negócio próprio, no sul de Bali, relacionado com mergulho.

Conversando com Valentina, contei a ela que antes de me mudar para Bali, tinha trabalhado muito em Barcelona para poder economizar.

— Meu objetivo na vida é ter tranquilidade financeira e não depender economicamente de nenhum chefe nem trabalho para poder controlar meu tempo. Por isso poupo todos os meses — comentei naquela primeira noite.

— Quanto dinheiro você estava economizando por mês antes de vir para cá? — perguntou-me ela sem titubear.

Surpreendeu-me que Valentina, sem me conhecer, já me perguntasse por números concretos. Ela falava sobre dinheiro sem disfarçar. Gostei disso, mas também me incomodou.

— Quatrocentos euros. Saí do clube de tênis para economizar, deixei de sair para jantar com amigos e suprimi todo tipo de compra desnecessária.

— Como primeiro passo para ter mais dinheiro, e como ação temporária, considero correto reduzir gastos e poder economizar alguma coisa no fim do mês. Pois bem, seguindo esse caminho de sacrifício e pouco prazer, você será livre financeiramente com 65 anos à base de restrições. Considerando que agora você tem 23, não creio que seja um bom plano. A vida e o dinheiro existem para serem aproveitados.

— Entendo, mas com o aluguel, a alimentação, o transporte e outros gastos pessoais, não consigo poupar mais de quatrocentos euros com um salário de 1.200 — justifiquei.

— Eu não digo que você tenha de cortar mais. Isso é pensar pequeno, Nacho. Também não estou dizendo que você poupe mais dinheiro desses 1.200 euros que ganha, mas que pense maior e em longo prazo.

— Preciso procurar outros trabalhos que me paguem mais, mas o mundo do jornalismo está compli...

— Olhe, é muito simples: para poder poupar uma boa quantia de dinheiro de forma mensal, é preciso ganhar uma boa quantia de dinheiro. E se seu trabalho ou área não lhe proporciona isso, você vai ter de criar outras fontes de renda.

Valentina tinha razão. Eu tinha passado os últimos meses antes da viagem para Bali contando minuciosamente o dinheiro, juntando centavos para poupar algo extra no fim do mês e vivendo mal.

Um erro muito típico que cometem as pessoas obcecadas por poupar é que, em certos momentos e com o objetivo de poupar mais R$ 200 por mês, o esforço realizado não compensa a pouca diferença que resta de benefício.

Se a qualidade de vida fica prejudicada por um sacrifício excessivo e um benefício insignificante, é tempo de mudar de mentalidade e começar a "Operação Valentina".

Buscar novas fontes de renda e aumentar seu faturamento deve ser o próximo objetivo em seu caminho para alcançar a verdadeira riqueza.

Como conclusão, reduzir gastos é uma parte crucial do caminho rumo à riqueza, mas aumentar a renda é a quadra de ases. Como diz Nudista Investor, "a contenção dos gastos tem limites; a expansão da renda, não".

Na verdade, no momento em que escrevo este livro não tenho contato com ela, por isso não sei se ela ainda mantém seus negócios ou não. Independentemente disso, tenho certeza de que ela segue vivendo a verdadeira riqueza devido à sua mentalidade.

De consumidor a produtor

Sua missão é oferecer mais qualidade às pessoas que necessitam de seus produtos ou serviços para gerar novas fontes de renda e mais dinheiro todo mês. Reconfigurar sua mente para encurtar o tempo de chegada à verdadeira riqueza é a meta.

O objetivo é passar de ter uma mentalidade de consumidor a uma de gerador, como explica MJ DeMarco em seu livro *The Millionaire Fastlane*. Ser produtor de novas fontes de renda, montar negócios que aumentem seu salário ou aumentar sua carteira de clientes deve ser prioridade nesse ponto.

A equação é muito simples: consumir nos retira dinheiro, e produzir nos dá dinheiro. Trata-se de realizar uma mudança radical do enfoque em que fomos criados. Gastamos por muitos meios, e para a grande maioria há apenas uma fonte de renda. É fragilidade demais para os tempos atuais.

Terceiro objetivo:
Buscar novas fontes de renda

O objetivo deste terceiro passo é ativar a "Operação Valentina", que consiste em conseguir, no mínimo, R$ 800 mensais a mais.

Quem considera pouco os R$ 800, que ponha o valor mais de acordo com sua situação atual: podem ser R$ 1.500, R$ 3 mil, R$ 5 mil ou o que você quiser.

Quem acha que R$ 800 é muito dinheiro precisa com urgência ler os próximos passos do caminho, pois ainda não tem a mentalidade adequada.

Lembre-se de que você tem que definir seus números e criar seu plano como se fosse uma roupa sob medida. Sua vida, suas regras.

Problema + Solução = Dinheiro

Nunca na história da humanidade foi tão fácil ganhar dinheiro. Nunca.

A internet nos permite investigar e nos introduzir em diferentes setores com poucos cliques. É possível acessar conteúdo de qualidade de forma gratuita e estar em contato direto com referências e mentores graças às redes sociais. Isso, para quem sabe aproveitar, é uma vantagem que pode render muito dinheiro.

Depois que você deixa de pensar em esbanjar e começa a programar sua mente para gerar, está dando os primeiros passos para abandonar a fase de sobrevivência e entrar na segunda, a de aprendiz.

Atualmente, continuo a me surpreender com a enorme quantidade de pessoas que dizem que não têm trabalho. É mentira.

Um simples passeio com os olhos abertos por qualquer cidade basta para ver cem oportunidades de negócios. Uma conversa com um aposentado em um bar sobre os problemas cotidianos dele pode permitir detectar mais cem. E uma conversa com um pequeno empreendedor ou trabalhador, outras tantas. Elas são infinitas.

As oportunidades de negócio estão por toda parte, mas você deve procurá-las com a mentalidade adequada, do contrário jamais conseguirá vê-las. A resposta para ganhar mais dinheiro é simples: se você soluciona os problemas das pessoas, vai receber mais dinheiro. Quanto mais pessoas você ajudar, maior será sua conta corrente.

A equação é simples: detecte um problema, ofereça uma solução eficaz, e seus bolsos terão mais dinheiro.

Dessa forma sua mente vai treinando para passar de gastar a ganhar, de consumir a faturar, de ter atitude de pobreza a mentalidade de riqueza, oferecendo soluções eficazes para problemas cotidianos.

A interseção de ideias, fonte inesgotável de dinheiro

A criatividade não nasce exclusivamente de pensar, ela também surge quando tomamos decisões, passamos à ação e as executamos. Pensar e fantasiar com uma boa ideia de negócio é o começo, mas logo o fato de colocá-la em prática, construí-la, lançá-la no mercado, conseguir que funcione e vendê-la é o que realmente vai avaliar nossa criatividade e nossa maneira de fazer negócios.

Assim, você terá sido criativo agindo e não apenas pensando. As conversas com outras pessoas, a leitura, a formação adequada ou um alto grau de curiosidade vão aguçar a engenhosidade e fazer florescer uma maior criatividade.

Sem me alongar muito, vou dar um exemplo pessoal. Este livro surge de conectar ideias, de combinar dois temas aparentemente desconexos mas que domino e me apaixonam: o comportamento humano através do eneagrama e as finanças pessoais. Nunca ninguém tinha mesclado de maneira tão precisa essa ferramenta de autoconhecimento com os comportamentos humanos e com o dinheiro.

Entretanto, graças à união de dois campos que me apaixonam, surgiu uma ideia de negócio que vendo como produto físico (livro), digital (curso) e serviço (treinamentos, palestras etc.).

Na verdade, o livro que você tem em mãos é uma nova fonte de renda. Eu o escrevi uma vez e ele vai me dar dinheiro de forma recorrente.

Quanto? Não sei.

Durante quanto tempo? Também não sei.

Mas é uma semente a mais que plantei e que possivelmente vai gerar receita ano após ano.

Além disso, desse cruzamento não apenas nasce um livro, mas também uma série de serviços derivados, como consultorias, mentorias, palestras, treinamentos etc.

Este é apenas um exemplo para você entender que também pode começar a gerar mais dinheiro com temas de seu gosto, que sejam de seu interesse e que você domine.

A interseção de conhecimentos de áreas que parecem distantes uma da outra pode ser uma fonte inesgotável de dinheiro. Devido à sua diferenciação, inovação e criatividade, estas novas ideias podem se destacar com originalidade daquelas já vistas e revistas tantas vezes no mercado de trabalho.

Não sei você, mas para mim essas ideias não surgem por inspiração divina. Nascem de estar investigando, lendo sobre assuntos que nada têm a ver com minhas especialidades, me formando em áreas muito concretas, observando especialistas em outros setores, observando de forma diferente, escutando com curiosidade e pensando de outra perspectiva.

Mas veja bem, nem tudo vale. Criar sapatinhos de bebê enquanto você é advogado e juntar os dois setores, *a priori*, não tem muito sentido. Mas se você é coach e, além disso, adora escrever, você pode se formar em *copywriter* e se especializar em redação persuasiva para terapeutas.

Além disso, hoje em dia uma simples profissão não costuma bastar para nos destacarmos e nos diferenciarmos da concorrência. Se você é apenas coach, é um de muitos, já que sua área é dominada por milhões de pessoas. E ser um de muitos significa que você provavelmente vai ter problemas de faturamento.

Mas o interessante é o seguinte: há muito menos pessoas que dominam dois setores como o coaching e o *copywriting*. Se você soma a isso uma terceira interseção, como as finanças pessoais, você estaria tornando seu perfil ainda mais difícil de encontrar.

Como há poucas pessoas que dominam os três campos, você vai ter menos concorrência, vai agregar mais valor, vai poder aumentar seus preços e, portanto, vai gerar maiores oportunidades de negócio. Em consequência, sua conta bancária vai engordar.

Às vezes, quanto mais distantes estejam as ideias entre si, mais originais vão ser as oportunidades de negócios obtidas ao misturar os campos. Você vai criar um nicho específico e isso vai resultar em maiores ganhos a cada mês.

Como diz o empresário e investidor Naval Ravikant no livro *O almanaque de Naval Ravikant*: "Gerar dinheiro não é uma coisa que você faz, é uma habilidade que se aprende."

> **Deixando para trás o primeiro modo...**
>
> **Travesseiro financeiro:** a energia do eneatipo Um no primeiro passo nos ajuda a estabelecer uma ordem, a criar um plano de longo prazo. Ela nos convida a tomar o controle de nossas vidas para poder entender e dominar o jogo do dinheiro.
>
> *Follow the money*: a energia do eneatipo Dois com seus gastos é um convite para que nos equilibremos e nos leva a uma boa gestão do dinheiro que entra e sai de nossas contas correntes. Em lugar de gastar para os outros ou exibir sua aparência para terceiros, chega o momento de reajustar gastos e cuidar dos próprios interesses.
>
> **Multiplique receitas:** graças à energia e aos talentos do eneatipo Três, podemos começar a gerar e ganhar mais dinheiro. Estabelecer objetivos e tentar alcançá-los formam parte do crescimento econômico pessoal. Aproveitar essas qualidades faz com que demos um ótimo salto para poder passar para a etapa intermediária.

4
SEGUNDA ETAPA: MODO *RESET*

Na segunda etapa, você começa a despertar sua curiosidade, estimula a vontade de aprender e de ter uma formação. Você cria uma mentalidade adequada com visão de longo prazo e constrói a ponte que leva da escassez à fartura.

Graças à introspecção e à intuição do eneatipo Quatro, à leveza e à independência com as quais o eneatipo Cinco gosta de viver e à prudência e à segurança com as quais se movimenta o eneatipo Seis com o dinheiro, você vai ver como esses comportamentos ajudam a estabilizar e catapultar sua situação financeira.

É um momento crucial para redefinir seus valores e crenças, o dinheiro de que precisa para conquistar seu estilo de vida ideal e alcançar a verdadeira riqueza. Começa a surgir dentro de você o desejo de dar um significado mais amplo ao dinheiro e à forma como se relaciona com ele.

Passo quatro: a riqueza começa por dentro

O longo prazo, cavalo vencedor

Nesta fase do caminho, você já descobriu como se relaciona com o dinheiro e deixou para trás o modo sobrevivência. Este é o primeiro passo da nova era, portanto é crucial reconsiderar alguns conceitos importantes para obter melhores resultados com o dinheiro e detectar outros que nos levam pelo mal caminho.

Um deles é a causa de grandes problemas da atualidade: pensar em curto prazo. E isso acontece não só com o indivíduo, mas também com famílias, governos e corporações.

Empresas que buscam rendimentos máximos em tempo recorde, sem se importar com o rastro ambiental, são um exemplo disso. Famílias que resolvem comprar uma casa a um preço exorbitante e muito acima de suas possibilidades, outro. Políticos que tomam decisões que prejudicam milhões de pessoas, mas beneficiam seu poder e sua influência, são outro exemplo de fazer e pensar em curto prazo.

Priorizamos o presente, descuidando do futuro e tomando decisões que, *a priori*, são benéficas para o momento atual, mas podem ter consequências graves na vida pessoal em anos vindouros. Como diz o empresário e filantropo multimilionário Bill Gates, "a maioria das pessoas superestima o que pode fazer em um ano e subestima o que pode fazer em dez anos".

Em 1972, o psicólogo austríaco Walter Mischel realizou um experimento no qual crianças entre quatro e seis anos que permaneciam sozinhas e sem distrações em uma sala recebiam uma guloseima. A única observação que fizeram a cada uma das crianças foi que, se elas fossem capazes de esperar 15 minutos para comer a guloseima, em lugar de uma, receberiam duas. Ou seja, a criança tinha que escolher entre o consumo imediato e o "investimento".

De todas as crianças que participaram do experimento, apenas uma em cada três escolheu esperar para colher os benefícios. Mischel acompanhou todas elas durante décadas e demonstrou que as crianças capazes de investir, esperar e adiar as recompensas tinham mais sucesso profissional, econômico e melhor saúde que os outros dois terços.

Além disso, o estudo indicou que as crianças mais impulsivas tinham menos tolerância à frustração, uma autoestima mais baixa, menos conquistas profissionais e eram mais propensas à obesidade que as outras.

A mensagem é clara: a paciência, o controle e a capacidade de adiar a gratificação resultam em melhores resultados de vida com o passar do tempo.

Pensar em curto prazo está por trás de muitos erros econômicos. Com o objetivo de conquistar a verdadeira riqueza, que, simplificando, consiste em sermos donos de nosso próprio tempo para decidir o que fazer com ele, é imprescindível ter os pés no chão, atuar no presente, mas com a visão no futuro (também). Assim, poderemos tomar decisões mais inteligentes, que nos deixem mais perto de alcançar os objetivos que desejamos.

Isso quer dizer que o ingrediente-chave nas pessoas de sucesso é a capacidade de se projetar rumo ao futuro na direção adequada à premissa de entrar em ação no presente.

As varinhas mágicas não existem

Se você comprou este livro para ficar rico da noite para o dia ou com o objetivo de encontrar atalhos mágicos que lhe tragam dinheiro, lamento dizer que o dinheiro fácil e rápido não existe. A ideia de ficar milionário é potente e sedutora.

Na verdade, muitos dos personagens que prometem fazer você enriquecer com rapidez e facilidade são pessoas que ganham muito dinheiro vendendo esses cursos, livros ou treinamentos sobre como ficar rico de maneira fácil, rápida e sem riscos. Isso cheira a picaretagem.

Mas, sem deixar dúvidas, outro dos problemas que existem hoje em dia é a quantidade de golpes que circulam pela internet. Eles são uma das grandes ameaças aos ignorantes financeiros, como eu já fui um dia.

"Ignorância" não é falta de inteligência, é falta de informação. "Ignorar" significa acreditar que sabe quando, na verdade, não sabe. E isso, em finanças, pode custar muito caro. Vou falar sobre como prevenir golpes mais à frente, quando já estivermos decididos a investir e com a mentalidade adequada.

O que você precisa saber neste momento é que o dinheiro fácil e sem risco não está dentro de uma equação realista para conquistar a verdadeira riqueza. O caminho consiste em se formar, se educar e ver como manter uma relação saudável com o dinheiro. Inclusive saber como ele pode trabalhar para você e render mais, mas sempre cumprindo a regra número um que aplico na minha vida: dormir tranquilo à noite.

Tentar correr antes de saber andar pode levar a golpes e quedas com consequências catastróficas em nível pessoal, familiar, de saúde ou econômicas.

Crenças no Vietnã

Muito se falou no mundo da educação financeira sobre as crenças e pensamentos típicos que inundam a cabeça da maioria das pessoas (que não tem dinheiro): "os ricos são maus", "o dinheiro não é importante", "melhor pobre mas honrado", "eu não sou bom em cuidar do dinheiro" etc.

Essas crenças surgem graças ao que temos escutado ao longo de nossa vida, ao que temos visto, ao meio sociocultural em que nascemos e também à nossa própria experiência. Esse coquetel faz com que você tenha uma maneira específica de ver o dinheiro.

Tornei minhas as quatro crenças acima. Sentia que elas me pertenciam e comprei todas elas. Eram uma realidade para mim, e eu passei a operar a partir delas.

Anos atrás, durante uma viagem pelo Vietnã, conheci Miren. Hoje continuamos amigos e mantemos contato. Ela é do País Basco, tem um poder aquisitivo alto e quando nos conhecemos tinha o dobro de minha idade. Nosso primeiro encontro foi a bordo de um barco de madeira para quatro pessoas no delta do Mekong com uma bandeja de rambutão, a fruta típica vietnamita, na mão.

Um tempo depois de nos conhecermos, e enquanto cada um de nós contava suas aventuras de vida, começamos a falar de dinheiro. Para Miren, bastaram poucas palavras minhas para perceber que falávamos línguas opostas e tínhamos mentalidades antagônicas.

Eu era um garoto de poucos recursos econômicos que justificava seus problemas financeiros culpando os ricos, os empresários e os políticos.

Ela, uma mulher empoderada e endinheirada, tinha empatia comigo, mas não compartilhava de jeito nenhum minha forma de pensar. Entretanto, ela também havia experimentado, anos antes, aquela mesma mentalidade que eu tinha, por isso foi fácil entender o ponto em que eu me encontrava.

Eu comentava que era impossível ganhar mais dinheiro que a média, porque os empresários ricos exploravam os trabalhadores, que o dinheiro era escasso, que para faturar uma quantia alta era preciso fazer atividades fora da lei... e uma quantidade absurda de crenças e mentiras que só me mantinham em um lugar: na pobreza, no vitimismo e nas reclamações.

Miren, que me olhava e escutava atentamente, me deixou terminar de falar e disse:

— A melhor maneira de mudar suas crenças sobre o dinheiro é conseguindo dinheiro. Quando você alcança aquilo que acredita que não pode alcançar, você muda sua forma de se relacionar com ele. Se os resultados chegam, as crenças costumam mudar quando você alcança esse ponto.

— Está bem, mas...

— Nenhum mas é válido. Se suas crenças sobre o dinheiro o impedem de ter poupança, você deve trabalhar para ter poupança. Se sua percepção da realidade diz que você não pode gerar mais dinheiro, transporte-se para outras realidades. Cerque-se de pessoas que já tenham dinheiro, que pensem de outra maneira. Aproxime-se delas com humildade e peça que ensinem a você, diga que você quer sair do círculo em que está. As crenças são flexíveis, você precisa conseguir um novo *mindset*, uma nova forma de pensar.

— ...

— Quando você dá o passo de uma mentalidade de "é impossível" para uma de "é possível", abre-se uma quantidade enorme de possibilidades. E essa mudança chega com a ação. A diferença no comportamento de uma pessoa começa quando ela tem a mentalidade adequada. Se você resiste a mudar, vai ser impossível conseguir melhorar pessoal, profissional e economicamente. Uma pessoa que está disposta a aprender tem maiores possibilidades de sucesso em diversas áreas da vida. Você não pode ter riqueza se não tem uma boa relação com o dinheiro nem a mentalidade apropriada. A verdadeira riqueza começa por dentro.

Esse foi um momento de inflexão em minha vida. Eu me lembro que não tinha ideia de como faria isso, mas prometi a mim mesmo que buscaria formação, mudaria de mentalidade e economizaria dinheiro suficiente para começar a melhorar minha vida.

Depois de um ano e meio, atingi dois objetivos econômicos que havia estabelecido para médio prazo, mas disso vamos falar mais à frente, de forma concreta, no passo número sete.

Reconfigurando conceitos

Um problema que encontramos na hora de falar sobre dinheiro é que as emoções, crenças e experiências distorcem totalmente a definição real de dinheiro. Na verdade, essa é uma das palavras que gera mais emoções.

Para alguns é algo belo, útil e maravilhoso. Para outros, maldito, sujo e tabu. Alguns o veem como algo pelo qual lutam diariamente, e outros como uma consequência do valor que agregam ao mundo.

Entretanto, a experiência me diz que para ter uma boa relação com o dinheiro é primordial deixar de lado as emoções e pensar no conceito da forma mais neutra e objetiva possível.

Por quê? É simples: quanto mais emoções, crenças e experiências você atribuir ao dinheiro, piores serão as decisões que você vai tomar, mais distante você estará dele e maior será a distorção do conceito.

Na verdade, há uma tendência de dizer que o dinheiro é "energia", e que é preciso mentalizá-lo para atraí-lo. Bom, mas isso é uma definição abstrata e sem sentido, pois o que não é energia? Se ouvirmos o que diz a física, tudo é energia. O amor, a água, o sol... tudo.

Deve-se chamar o dinheiro, assim como todas as coisas, pelo que ele é. Encontrar conscientemente um termo mais funcional e sem floreios será útil em nossa relação com ele. Para mim, o dinheiro é um meio de intercâmbio de produtos, tempo ou serviços. Fim.

Penso em dinheiro e vejo notas, moedas, números ou valores. Não vejo energia, viagens, liberdade, uma ilha paradisíaca, famílias numerosas ou uma casa com jardim e piscina. Isso é o que se pode chegar a fazer com o dinheiro, mas não é o dinheiro em si. Por isso insisto em que quanto mais realista, neutra e clara for nossa concepção do dinheiro, melhores as decisões que tomaremos com ele e sobre ele.

Depois que simplifiquei a definição de dinheiro e me livrei das crenças, já não estou concentrado em buscá-lo como um obcecado. Depois de anos de decisões ruins, enfoques equivocados e aprendizados forçados, compreendi que o dinheiro é a consequência do impacto e do valor que agrego às pessoas.

Quanto maior o número de pessoas que eu impacto e às quais maior valor eu agregue, melhores resultados econômicos terei. Nestes momentos de minha vida, não me concentro em buscar dinheiro como fim, mas me concentro em melhorar meus produtos, serviços e formações, porque, se isso funciona, o dinheiro chega como resultado do trabalho bem-feito.

Se você se concentra em melhorar como pessoa e como profissional, está "condenado" à abundância. A vida premia as pessoas úteis e com vontade de agregar valor ao mundo.

Por isso este capítulo poderia se chamar "a riqueza começa por dentro", porque redefinir conceitos, mudar crenças e evoluir em todos os aspectos de sua vida que você considere importantes farão com que se conecte de forma autêntica com a verdadeira riqueza.

Se você fica obcecado por dinheiro e se movimenta a partir do "quero" ou "preciso", mais distante de você ficará aquilo que pretende atrair. Vi inúmeras pessoas em meus treinamentos que querem dinheiro para encontrar tranquilidade mental, mas não percebem que a fórmula é o contrário. A tranquilidade mental é a base para começar a ganhar dinheiro. **O que você acredita ser a meta na verdade é o ponto de partida.**

Assim como com o dinheiro, redefinir outros conceitos-chave pode orientar você melhor em sua vida e levá-lo a tomar decisões melhores, plenas de critério próprio e coerentes com seus valores e sua forma de ver a vida.

Quarto objetivo:
Hackeie sua mente

O objetivo deste quarto passo é redefinir o que para você (e só para você) é...

- Dinheiro
- Sucesso
- Riqueza
- Investimento

A verdadeira riqueza se consegue semeando boas ideias e colhendo resultados de acordo com a semente que plantamos em nossa mente.

Passo cinco: adeus, dívidas!

Escravidão de oito mil euros

Em junho de 2021, eu tinha acabado de realizar um treinamento em um hotel no centro de Barcelona e, assim que saí da recepção, em plena avenida Diagonal, ouvi uma voz rouca e grave que me gritava efusivamente:

— Nacho! Nachooo!

Virei-me e vi Rubén, um homem de uns quarenta anos, cabelo preto bem penteado para o lado e barba de uma semana. Éramos companheiros e muito amigos do clube de tênis que tínhamos frequentado desde jovens. Formávamos parte da equipe de competição, e fazia alguns anos desde que eu o havia visto pela última vez.

Ficamos conversando amigavelmente e resolvemos ir jantar para botar a conversa em dia. Entre cervejas e uma boa carne argentina, ele me contou que continuava trabalhando como dentista, que havia se casado com outra dentista com quem dividia o consultório, que era pai de duas meninas de cinco e três anos, que frequentavam uma escola internacional no bairro abastado de Sarrià, em Barcelona. Ele também me explicou que tinham comprado uma casa nas cercanias da cidade e, além disso, tiveram o capricho de adquirir uma segunda residência na Costa Brava, que era o sonho da vida de Rubén.

Ele, um sujeito muito próximo, amável e sem ânimo de se gabar, explicava suas idas e vindas enquanto apoiava o chaveiro de seu Audi sobre a mesa, olhava as horas em seu Tag Heuer de vários milhares de euros e silenciava seu iPhone recém-estreado.

— Tenho tudo o que sonhei na minha vida material. Mas, para ser sincero, às vezes me sinto agoniado e esgotado.

Suas jornadas de trabalho eram longuíssimas. Ele saía de casa às oito da manhã e não voltava antes de nove da noite. Enquanto ele me explicava seu estilo de vida, comecei a gerar números mentais dos gastos fixos mensais que poderia chegar a ter esse casal, mas, em lugar de elucubrar, resolvi perguntar.

— Rubén, diga com sinceridade... Como você convive com o fato de ter de trabalhar tantas horas para sustentar esse castelo de cartas que é a vida que você montou?

— Bom, é o que tenho, Nacho. Quando você se torna adulto, é isso o que resta — respondeu ele, olhando para baixo e curvando os ombros.

Não quis rebater e desmontar esse argumento simplista e vitimista de "Isso é o que resta", mas fiz para ele uma pequena reflexão sobre como os resultados de hoje se deviam a decisões que ele havia tomado no passado.

Rubén, depois de uma hora, começou a perceber que tinha o estilo de vida que havia construído sozinho. E ele me confessou que viviam afogados apesar de estarem ganhando uma média de oito mil euros líquidos mensais entre os dois.

Ele começou a me detalhar os gastos.

Eles tinham comprado uma casa com jardim e piscina nas cercanias de Barcelona, na área da moda. Não tinham todo o dinheiro para comprá-la à vista, por isso assinaram uma hipoteca de quinhentos mil euros e deram de entrada todas as suas economias, quase duzentos mil euros. No momento em que ele me falava sobre os números, restava a ele uma hipoteca de 22 anos com uma prestação de quase dois mil mensais.

Além disso, suas duas filhas frequentavam uma escola internacional a um custo de dois mil euros. Também tinham dívidas, que superavam os oitenta mil, dos dois Audi que eles tinham comprado alguns meses antes. E como se isso fosse pouco, seu capricho foi uma segunda residência na Costa Brava, pela qual pagavam oitocentos euros mensais referentes a outra hipoteca de quase duzentos mil.

Em resumo, essa família tinha dívidas perto de oitocentos mil euros e gastos fixos mensais que beiravam os oito mil. Apesar de terem uma entrada de dinheiro constante e elevada, eles tinham gastos mensais astronômicos, o que os tornava escravos do dinheiro.

Eles tinham cometido um erro gravíssimo: haviam se concentrado em melhorar seu status em lugar de seu estilo de vida.

A ostentação e a queima constante de dinheiro para impressionar outras pessoas não apenas é um plano péssimo, mas sempre tem um custo muito alto. Ganhar oito mil euros mensalmente e fazer malabarismos para chegar ao fim do mês é ignorância financeira.

Viver acima de nossas possibilidades e à base de dívidas é uma espiral na qual é muito fácil entrar, mas complicado sair.

A dívida controla você?

Como sociedade, normalizamos o hábito de parcelar celulares, televisores, computadores, compras no supermercado e até as férias. Em nosso caminho rumo à verdadeira riqueza, é conveniente deixar claro que a dívida é uma companheira de viagem ruim.

> **Atenção:** Nesta primeira etapa, não faremos distinções entre o que alguns autores chamam de dívida boa (aquela que os outros pagam) ou dívida ruim (aquela que você paga). Vamos seguir uma pauta inicial que consiste em estar livre de dívidas para viver com mais leveza e sem amarras.

Com enorme facilidade, caímos na tentação de consumir agora e pagar depois. Desde o típico "Compre agora e pague em seis, nove ou 12 meses", passando por "Pague confortavelmente em 18 vezes sem juros", até o detestável cartaz consumista de "Porque você merece".

Há diferentes perigos na hora de contrair dívidas, mas em seguida vou enumerar cinco razões que comprovam que viver longe delas é uma opção saudável e inteligente.

1. Elas escravizam você: estar preso mensalmente ao pagamento de uma prestação para uma outra pessoa ou organização transforma você em escravo do dinheiro, não o deixa livre. Você precisa produzir para pagar e trabalha para dar dinheiro para outras pessoas. Não há nada que oprima financeiramente mais que uma dívida.

2. Você gasta mais e paga mais: não é a mesma coisa pagar R$ 15 mil à vista por uma viagem a Bali e pagar 12 prestações confortáveis de R$ 1.500 por mês. A última opção parece mais tentadora e acessível para todos os bolsos, embora você pague R$ 3 mil a mais em juros. O crédito é uma maneira muito eficiente de enganar seu cérebro para que você gaste mais do que realmente precisa.

Há uma premissa que diz que quanto mais rápido lhe emprestem o dinheiro, menos exigências façam e simplifiquem as coisas, mais dinheiro você vai acabar pagando. Isso não costuma falhar, comprove-o você mesmo.

Se você não pode se permitir pagar R$ 15 mil à vista para viajar de férias para Bali, menos ainda deveria pagar a viagem a prazo.

Mas aqui surge outro problema: as empresas sabem que nós humanos somos presas fáceis e propõem que você financie suas compras com 0% de juros. Tentador? A princípio, muito. E quando você começa por esse caminho, é muito provável que seu orçamento dispare. O fato de pagar a prazo e sem juros costuma aumentar muito o orçamento inicial.

3. Restam a você oportunidades: contrair dívidas resultantes de empréstimos, cartões de crédito ou microcréditos impede que você experimente oportunidades de negócios, de trabalho ou de investimento. Saber que precisa pagar uma prestação mensal amarra você e não o deixa experimentar uma mudança de trabalho, uns meses sabáticos ou frear para lançar seu próprio negócio.

As decisões são cada vez mais tomadas no curto prazo e você sente certo medo de não poder arcar com todos os pagamentos, o que o leva diretamente ao modo sobrevivência. As dívidas reduzem a capacidade de progresso e as oportunidades de trabalho.

4. Elas afetam você no âmbito emocional: no primeiro passo, tivemos uma premissa clara: contar com um travesseiro financeiro para, pelo menos, repousar à noite. Pois bem, as dívidas vão na direção contrária às bases de que precisamos para viver com tranquilidade. Elas ocasionam medo, estresse, ansiedade, insônia, mau humor e uma alteração emocional com consequências prejudiciais à saúde.

Além disso, viver endividado pode afetar a vida pessoal e os relacionamentos. O casal costuma viver momentos de tensão quando uma dívida se intromete na relação, já que o dinheiro pode ser sinônimo de conflito. Muitas pessoas concordam que dívida é sinônimo de infelicidade e amargura.

5. Elas desviam você do caminho: o objetivo é claro: conquistar a verdadeira riqueza para podermos ser donos de nosso próprio tempo. Se nossa bússola está bem calibrada, as dívidas em nenhum momento fazem parte da equação. Elas são fáceis de contrair, mas muito difíceis de pagar. Costumam ser complicadores, travas e pedras no caminho para conseguir o que desejamos. A dívida, exceto em casos muito específicos, é inimiga na hora de alcançar a verdadeira riqueza.

Com pouca bagagem

> **Quinto objetivo:**
> Livre-se de suas dívidas

Como acabei de comentar, nos livrar das dívidas é crucial no caminho da verdadeira riqueza. Ele pode ser longo, entediante e com sacrifício. Mas, quando nos liberamos delas, teremos dado um passo de gigante na conquista de nossa liberdade.

> **Atenção:** para alcançar esse objetivo, a hipoteca não conta, já que vamos deixá-la como uma dívida que assumimos e não podemos cancelar. Não devemos ficar obcecados por ela.

A bola de neve, o método para sair das dívidas

Tentar sair das dívidas pode ser esgotante, frustrante e complicado. Entretanto, há várias maneiras de se organizar para quitá-las de forma ordenada e seguindo um plano. Como sempre comentamos, cada pessoa tem uma situação financeira particular, e nas finanças pessoais nem tudo é preto no branco.

No entanto, o método "bola de neve", promovido pelo escritor e especialista em finanças americano Dave Ramsey, é uma boa opção para deixar as dívidas para trás de uma maneira eficiente.

O sistema propõe que, em primeiro lugar, deve-se quitar a menor dívida, independentemente dos juros que ela tenha. Isso faz com que, ao quitá-la mais rápido que as outras, o fator psicológico e motivacional tenha maior força. As dívidas vão desaparecendo, e a luz vai se aproximando.

Depois de quitar a primeira dívida, passa-se à próxima de menor valor. Por isso o método se chama bola de neve, porque vai surtindo um efeito emocional e econômico impossível de deter.

No papel, isso pode parecer simples (e na verdade é), mas não estamos aqui discutindo se é mais ou menos fácil consegui-lo. Como a essa altura você já sabe, temos de estar dispostos e comprometidos a sair das dívidas.

Isso talvez implique apertar o cinto, viver abaixo de nossas possibilidades ou destinar mais tempo a tarefas e ações das quais não gostamos, mas que fazem parte do pedágio que temos de pagar para conseguir o que desejamos: liberdade.

Não é momento de lamentar decisões ruins do passado, mas de sermos adultos responsáveis e adotarmos uma posição financeira mais forte para enfrentar os próximos anos de vida.

Quando não temos dívidas e podemos levar uma vida sem esforço exagerado, é hora de passar ao nível seguinte, o da tranquilidade econômica. Completado esse passo cinco, estamos na metade do caminho até a riqueza. Um passo apenas separa você da terceira e última fase.

Visite https://nachomuhlenberg.com/dinerograma e veja o método bola de neve explicado em vídeo e com um exemplo que vai facilitar seu entendimento.

Passo seis: *get the money*

Poupança com sentido

Em pleno século XXI, e apesar das dificuldades econômicas que a maioria das pessoas experimenta, continua sendo uma necessidade lembrar a importância da poupança.

Dentro da equação para conseguir a verdadeira riqueza, está o fato de que você deve ter uma grande capacidade de poupar se quer ganhar liberdade e tranquilidade. Não estamos falando de 10% de seu salário. Tem que ser muito mais se queremos ver resultados extraordinários em nossa vida.

Existem centenas de livros que abordam o tema da poupança, também milhões de páginas na internet que explicam truques, receitas e recomendações. Minha intenção não é lembrar que você pode ou deve poupar um determinado percentual de renda ou que você faça a pré-poupança (pagar a si mesmo no dia em que você recebe seu contracheque, em vez de poupar o que sobra no final do mês). Esses métodos são bons, eu os considero úteis e os aplico em minhas finanças pessoais, mas muitos desses conselhos e atalhos focados na poupança estão mal propostos estruturalmente.

Quando uma pessoa tem problemas na hora de gerir suas finanças, juntar cupons para economizar no supermercado, aproveitar as ofertas "leve três e pague dois" ou ligar a máquina de lavar roupa em um horário em que o gasto seja menor não deixam de ser manobras de curto prazo e curativos para sarar feridas mais importantes. Podem funcionar como soluções eficazes em curto prazo para alcançar um objetivo concreto, mas em longo prazo vão ter pouca serventia.

Quando você conseguir poupar por mês um mínimo de 50% do que ganha, vai perceber a diferença em sua situação financeira. Se para sua situação atual isso está muito distante, você deve voltar com urgência ao ponto três, gerar mais renda e reajustar os gastos (se é que existe margem de manobra).

Mas, agora, deixe que eu conte a você como passei de ter de zero euro a seis mil euros poupados em questão de oito meses seguindo três passos fundamentais para atingir um objetivo econômico.

Poupança em três passos

Em 2016, enquanto eu vivia na Costa Rica, resolvi que queria fazer um MBA presencial em Barcelona com duração de nove meses. Ele custava quase cinco mil euros, e o fato de realizá-lo significava me mudar de país e deixar minha vida inteira na América Central para voltar para a Europa. Também tinha de reestruturar a empresa, o modelo de negócio, vender o carro, deixar a casa, vender todas as coisas de casa e começar do zero novamente.

Apesar de poder pagar o curso com o dinheiro que tinha em conta, decidi criar um plano de poupança para poder atingir meu objetivo. Comprei um envelope em branco e escrevi com marcador preto "MBA Nacho" e me propus enchê-lo, em oito meses, com seis mil euros sem tocar em minha conta corrente, o que me permitiria pagar a passagem de volta para Barcelona e o curso completo.

Como eu fiz isso? Vou explicar os três passos-chave que você precisa seguir para atingir um objetivo de poupança.

1. Uma chama por dentro: ter um desejo ardente de atingir um objetivo concreto incentiva a poupança. O MBA virou minha obsessão, era a formação de que eu precisava para melhorar minha vida pessoal e emocional. Além disso, eu sabia que aquele curso ia me dar um *upgrade* profissional e econômico. E, com certeza, foi assim.

Você deve saber que o primeiro passo para poupar, apesar de parecer óbvio, é estar disposto a poupar acima de todas as coisas. Comprometer-se em fazer isso. Poupar significa que, em vez de gastar esse dinheiro em alguma coisa que possa lhe dar uma ilusão, você o guarda. Em vez de jantar fora todos os dias, você cozinha em casa.

É impossível aumentar a capacidade de poupar se você não está comprometido a fazer o mínimo de esforço para melhorar sua vida em médio ou longo prazo.

O ser humano tende a menosprezar o futuro em relação ao presente. Costumamos ter uma preferência temporal pelo agora antes do futuro, e isso costuma ter consequências financeiras negativas.

Muitas pessoas compram um carro mais caro do que podem pagar em lugar de um modelo funcional que caiba no seu orçamento. O mesmo acontece com as casas, as férias e o estilo de vida cotidiano. A grande maioria das pessoas não está disposta a se sacrificar nem a adiar o prazer. Elas querem agora, e rápido.

Poupar se trata de, apesar de não ser do gosto de seu eu atual, trabalhar sua força de vontade e a capacidade de visualizar um futuro que vai superar o presente. E nessa equação não estou fazendo uma ode a viver mal, a cortar pela raiz tudo aquilo de que gostamos, que nos faz feliz e nos dá prazer. Não, não é isso.

O convite é para encontrar um equilíbrio saudável entre o que entra, o que gasta, o estilo de vida preferido e as decisões que são mais inteligentes no momento atual, mas sempre levando em conta seu eu do futuro.

Pergunte a si mesmo se aquilo que você está prestes a fazer o aproxima ou afasta dos objetivos de vida. A poupança compra liberdade, tranquilidade e mantém opções abertas em tempos de incerteza. A poupança oferece uma vantagem subvalorizada: ela permite que você erre e explore.

Não me importa que você não goste de poupar, que nunca tenha feito isso e não tenha esse hábito. É o que deve fazer se realmente tem o desejo ardente de conquistar a verdadeira riqueza.

2. Relativize aquilo de que precisa: Já vimos no passo dois que parte do segredo é o controle de gastos, fazer contas com bom senso. Se você ganha R$ 8 mil não pode gastar R$ 10 mil por mês. Você deve gastar menos. É simples.

Porém, a maioria das pessoas continua vivendo endividada, além de suas possibilidades e priorizando o status antes da saúde financeira. O grande desafio é aprender a viver de forma mais austera, sem chegar a viver no "fatiafinismo". Esse é um conceito com mais de uma década no jargão financeiro e faz referência a pessoas que preparam o sanduíche com fatias finíssimas de frios e queijo para assim poupar e fazer o maior número de sanduíches.

Descreve em tom de brincadeira um tipo de poupança levado ao extremo e muito difundido em todo o mundo por poupadores empedernidos. Porém, e paradoxalmente, o fato de usar fatias finíssimas não deixa de ser um engano, já que duas coisas acontecem: ou se comem menos frios ou se colocam mais fatias para comer o mesmo. Por isso o termo "fatiafinista" retrata perfeitamente um tipo de vida no qual os sacrifícios para poupar são altos a ponto de você chegar a passar fome para ter mais dinheiro.

Uma coisa é viver abaixo de suas possibilidades com consciência, e outra é ser sovina. Aqui seguimos o primeiro caminho, o segundo não está em nossos planos, nem vale a pena. Ir para um hotel e levar o sabonete para economizar um euro é ser sovina, não é viver abaixo de suas possibilidades.

Em 2019, um ano antes do nascimento de nosso primeiro filho, Bruno, minha parceira e eu resolvemos comprar um carro de segunda mão. Durante a gravidez, vivíamos no centro de Barcelona e não precisávamos de carro, já que cada um tinha sua motocicleta. Entretanto, nós nos mudamos para o entorno e, sabendo que havia um bebê a caminho, no ano seguinte resolvemos comprar um carro.

Nossa situação financeira estava muito organizada. Podíamos ter ido a qualquer concessionária e comprado qualquer carro novo. Porém, gastar quarenta mil euros em um veículo novo e pago a prazo não era nossa opção. Acabamos comprando um usado de 2010 com apenas 45 mil quilômetros por oito mil euros.

Nossa prioridade não foi aumentar nosso status nem alimentar nosso ego para marcar presença diante dos vizinhos, colegas de profissão ou amigos. Nosso objetivo foi melhorar nossa qualidade de vida com um veículo que fosse funcional e estivesse de acordo com nosso plano. E assim continuarmos livres de dívidas, com poupança alta, sem a necessidade urgente de faturar mais dinheiro e sem perder a opcionalidade, algo sobre o qual vou falar no próximo capítulo.

Nós nos concentramos em pagar à vista e não fazer um financiamento, e o dinheiro que economizamos na compra do carro decidimos investir naquele momento em Bitcoins e criptomoedas. Hoje estamos agradecidos pela decisão que tomamos.

3. Sistematize: se tenho um objetivo em mente (em meu caso, conseguir seis mil euros em oito meses), preciso contar com um sistema que me permita alcançar o que desejo. Sou um fiel defensor de ter hábitos ou ações recorrentes que nos facilitem o processo de poupança (ou investimentos, como veremos mais à frente).

Os propósitos e objetivos são alcançados graças a criar regras e repeti-las. Se for no piloto automático, melhor ainda. Quando você é capaz de repetir um número suficiente de vezes uma coisa extremamente simples, o hábito se fixa, e os objetivos chegam depois de algum tempo.

Em meu caso, para conseguir seis mil euros em oito meses, eu me propus ir, no dia primeiro de cada mês, ao caixa eletrônico e sacar 750 euros em espécie. Eu fazia isso todo dia primeiro, independentemente de como estivesse minha conta bancária, chovendo ou fazendo sol, se eu estivesse em uma ilha no Panamá, na Costa Rica ou em Miami.

Era uma recompensa pessoal, mas por sua vez minha cabeça também a processava como um gasto fixo. Eu tinha de pagar a mim mesmo e guardar o dinheiro. Essa foi minha maneira de criar uma máquina lubrificada de poupança que em oito meses me permitiu alcançar o objetivo de ter seis mil euros.

Quando você adiciona um sistema a seu objetivo, torna-se mais acessível alcançar a meta. Na verdade, graças à tecnologia, podemos incorporar sistemas de poupança automatizados, quantificáveis e que não exijam nossa força de vontade para executá-los.

Se você estabelece qualquer tipo de objetivo financeiro, você deve pôr em ação um sistema que o leve a esse objetivo. Do contrário, aumentam as possibilidades de cair pelo caminho.

Colchão econômico

Você está no ponto em que tem um travesseiro financeiro de R$ 15 mil, controla todos os gastos e renda e também gera ou busca novas formas de gerar mais dinheiro.

Além disso, você se livrou das dívidas e sente a leveza de viver sem elas. Como se isso fosse pouco, seus gastos mensais não o afogam, você tem margem para economizar e suas necessidades foram se reduzindo. Você é consciente de que não precisa de tanto para ser feliz. Sua vida melhorou de forma substancial.

Agora, para acabar com essa segunda fase e passar para a terceira, a da expansão, vai ser necessário fazer um movimento que permita dormir em paz, relaxado e com um sono profundo. É hora de multiplicar os R$ 15 mil iniciais e aumentar o colchão de tranquilidade.

Sexto objetivo:
Aumente seu colchão, durma tranquilo

Muito conhecido é o objetivo de ter uma quantia de dinheiro que permita que você enfrente diferentes imprevistos e disponha de alguns meses de tranquilidade econômica caso faltem salário, rendas ou venham tempos conturbados.

Entretanto, o colchão econômico não é importante apenas para os imprevistos negativos. Essa quantidade de dinheiro pode nos deixar em uma situação vantajosa diante de outros sonhos, metas ou objetivos que nos deem felicidade.

Realizar um sonho

A poupança vai permitir realizar aquilo que você sempre desejou. E isso pode ser viajar para a Nova Zelândia, se casar nas Bahamas, comprar uma motocicleta nova, um trailer ou pagar uma universidade particular para seu filho. Não importa o desejo que você tenha, o fato de ter economias permite que você o realize.

Tirar um ano sabático

Nos países nórdicos, é frequente que os alunos que terminam o ensino médio dediquem um ano a viajar pelo mundo para conhecerem melhor a si mesmos.

Entretanto, esse ano sabático se estende cada vez mais entre os adultos. Empregados, chefes, trabalhadores autônomos decidem dar um freio em sua vida tradicional por alguns meses, ou mesmo anos, para se dedicar a outras coisas fora de horários rígidos, rotinas e objetivos concretos.

Formar-se

A poupança também permite explorar novos caminhos no âmbito acadêmico. Destinar dinheiro à formação profissional ou contratar um mentor que ajude você a progredir é uma maneira de investir para continuar crescendo como pessoa e, também, no plano profissional.

Comprar uma moradia
A maioria das pessoas sonha ter uma moradia própria na qual possa passar com tranquilidade o resto da vida. Na Espanha, por exemplo, o investimento imobiliário é uma das práticas mais difundidas.
Para poder adquirir uma moradia, é imprescindível dispor de um colchão financeiro que permita pagar os custos da entrada e impostos associados com a aquisição do imóvel.

Empreender
É cada vez maior a quantidade de pessoas que trabalham por conta própria, já que nunca na história da humanidade foi tão fácil e acessível contribuir tanto com tão poucos recursos. A informação se democratizou, e os negócios ignoram barreiras, idiomas, pagamentos ou fusos horários.
Agora, para empreender, você precisa de dinheiro. Um negócio rentável não se constrói da noite para o dia, por isso é necessário contar com um colchão financeiro que permita a você investir em seu negócio e cobrir seus gastos diários enquanto seu projeto não oferece o faturamento necessário para isso (se esse é o caso).

Mudar de trabalho
Outra opção que suas economias permitem é mudar sua situação profissional atual. Se você não está satisfeito em seu posto de trabalho (uma situação muito frequente), o dinheiro vai permitir que você se movimente com astúcia e tranquilidade entre ofertas mais atraentes.
O fato de não estar a um, dois ou três meses da falência financeira faz com que você não tenha de tomar decisões de forma desesperada e possa escolher com sabedoria qual é a melhor opção para sua vida.

Mudar de país ou de cidade
Toda mudança de país ou cidade exige um desembolso inicial (geralmente importante) para pagar o apartamento novo, a casa nova, contratar serviços, papelada, burocracia, transporte etc. A poupança

vai permitir que você enfrente esses gastos com tranquilidade e realize seu sonho ou objetivo de viver em um lugar diferente.

Garantir sua aposentadoria
Deixar seu futuro econômico nas mãos de sistemas públicos falidos não me parece uma decisão inteligente, mas extremamente arriscada. É preciso ter economias para complementar as aposentadorias, por exemplo. Há especialistas que dizem que elas não são sustentáveis a longo prazo e que muitos de nós nem mesmo vamos tê-las. Ninguém conhece o futuro, mas é arriscado deixar nossas finanças nas mãos de terceiros. E eu não confio nada nos políticos nem nos estados, por isso prefiro poupar e cuidar de minha própria aposentadoria.

Quanto dinheiro preciso ter em meu colchão?
Chegou o momento de aumentar sua conta bancária e seu respaldo financeiro. Esse é um passo gigante na hora de ser dono de sua vida. Saber que você tem dinheiro suficiente para passar meses sem renda, porque dispõe de um colchão que o sustente, coloca você em uma situação de privilégio. Quando você conquista esse passo, começa a sentir que a escravidão já não domina seus passos, mas é você que tem o controle de sua agenda, de sua vida e de suas decisões.

Contudo, não há uma quantidade exata de dinheiro que se deva ter como mínimo no colchão de segurança. Quanto maior ele for, maior tranquilidade emocional e financeira você vai ter, é óbvio, mas não há respostas nem números rígidos.

O que está claro é que a quantia do colchão deve ser a que permita nos mantermos por pelo menos seis meses sem ter fonte de renda. Ou seja, se para viver você precisa de R$ 8 mil por mês, o recomendável é ter um colchão de R$ 48 mil como mínimo para poder estar nessa situação folgada.

Eu digo um mínimo de seis meses, mas pessoalmente considero isso muito apertado. Resta pouca margem de manobra, embora aqui, mais uma vez, cada um precise descobrir o que gera tranquilidade para si mesmo.

Em meu caso, meu colchão de segurança é de quatro anos. Tenho consciência de que é um dinheiro que vai se desvalorizando com o passar do tempo, que eu o tenho parado e reconheço que a inflação vai comê-lo mês a mês.

Entretanto, isso é parte do pedágio que aceito pagar. Prefiro perder um percentual anualmente devido à desvalorização da moeda, mas em troca ganhar em tranquilidade emocional. Essa é uma rentabilidade escondida que tem muito mais valor que um percentual anual.

Na verdade, as poupanças que tenham 0% de rentabilidade anual de forma direta podem trazer indiretamente uma rentabilidade extraordinária se dão a você a possibilidade de empreender, estudar ou trocar de trabalho para melhorar seu estilo de vida. Vamos falar disso no próximo capítulo.

Bom, tem quem ache que quatro anos é muito tempo e quem ache que é pouco. O bonito é saber que, em finanças pessoais, nada está escrito. Cada um tem que encontrar sua própria fórmula a partir de sua própria experiência, situação pessoal, familiar e econômica.

E o mais importante é escolher aquilo que permite que você concilie o sono à noite. Saber que no dia seguinte, se você não quiser, não precisa trabalhar é sinal de riqueza.

É fundamental saber que esse ponto não é fácil de alcançar. Podem ser necessários meses ou anos para contar com um colchão financeiro que permita que você passe seis meses ou um ano sem a necessidade urgente de receber rendas recorrentes.

Mas lembre que o jogo é de longo prazo. A verdadeira riqueza não se consegue de um dia para outro, mas é fruto de desempenhar diferentes ações de forma repetida para que levem você do ponto A ao ponto B.

Deixando o segundo modo para trás

A riqueza começa por dentro: a energia do eneatipo Quatro incentiva a introspecção, a olhar para dentro, a refletir e questionar crenças, conceitos e experiências vividas. Por termos desenvolvido um critério próprio, vamos nos reconectando com nossa intuição e sabedoria pessoal para tomar decisões econômicas melhores.

Adeus, dívidas!: a energia do eneatipo Cinco nos convida a ter o controle de nossas vidas sem estar amarrados a dívidas, que atrapalham a liberdade. É um chamado à independência, a viver dentro de nossas possibilidades e a ter a capacidade de planejar com sabedoria nosso presente e nosso futuro econômicos. A leveza de não ter dívidas é sinônimo de tranquilidade.

Get the money: devido à energia do eneatipo Seis, podemos estar capacitados para enfrentar problemas econômicos por termos um colchão de segurança. É um gesto de maturidade e responsabilidade para imprimir prudência em nossos movimentos financeiros e não ficarmos tão expostos em situações de incerteza.

TERCEIRA ETAPA: MODO ABUNDÂNCIA

A terceira e última fase do caminho rumo à verdadeira riqueza é quando você treina o cérebro para detectar oportunidades. Quando você tem as finanças organizadas, toma decisões melhores e adota uma atitude focada na ação, encontra um verdadeiro e rico equilíbrio pessoal, profissional, econômico e espiritual.

Graças à visão do eneatipo Sete e à força do investimento e da ação do eneatipo Oito, alcança-se um equilíbrio saudável, próprio da energia dominante do eneatipo Nove na vida das pessoas. O dinheiro é um meio para alcançar nosso estilo de vida ideal e ter controle sobre nosso tempo.

Completar as duas primeiras fases mudou sua relação com o dinheiro. Agora, dominar os passos da terceira fase vai transformar sua relação com seu futuro e com sua vida.

Passo sete: visão e oportunidades

O olfato de Mariano

Em 2009 decidi que já não queria mais trabalhar para os outros e que devia traçar um plano em minha cabeça para ser uma pessoa livre, sem chefe, sem horários e sem amarras. Não queria que ninguém me dissesse o que eu podia (ou não) fazer em meu dia a dia. Não me motivava nada a ideia de estar restrito a um horário fixo em um emprego permanente.

Naquela época eu me dedicava a dar aulas de tênis. Honestamente, isso me caía muito bem, já que não apenas dominava o jogo, mas também tinha empatia com os jogadores. Não era o típico treinador intimidador, mas me conectava emocionalmente com os alunos.

Depois de vários anos no mesmo trabalho, me desmotivei porque se avizinhava um futuro pouco estimulante. Eu só precisava olhar ao redor para ter certeza de como seria minha vida nos anos seguintes. Nada do que eu via em meus colegas de trabalho me motivava: treinadores amargurados recebendo um salário medíocre, lutas constantes por um aumento salarial ridículo que nunca chegava, condições de trabalho que não eram parecidas com meu estilo de vida ideal e um contracheque que fedia a ranço.

Foi ali que comecei a procurar quais pessoas podiam me ajudar como referências na hora de construir meu estilo de vida ideal. Eu estava realmente perdido, não sabia o que queria fazer com minha vida, embora a única direção para a qual apontava minha bússola fosse a liberdade.

Entretanto, "liberdade" é um conceito muito amplo e ambíguo para determinar algo concreto. Mas naquele momento eu não sabia muito mais. Não via muita saída, tudo me parecia impossível, e como bem dizia T. Harv Eker em seu livro *Os segredos da mente milionária*:

"As pessoas não conseguem o que querem porque elas não sabem o que querem." Eu era um exemplo claro dessa frase.

Apesar dessa fase cinzenta, quando estava mais desorientado, alguém me ensinou um dos conceitos mais poderosos que ainda hoje aplico na minha vida: "o olfato de Mariano."

Uma manhã do mês de abril, passeando pela praia de La Barceloneta, me encontrei com Mariano, um ex-aluno para quem eu tinha dado aulas de tênis até alguns meses antes. Ele tinha parado com elas devido a uma oportunidade de trabalho iminente que surgiu para ele nos Estados Unidos. Nada a ver com seu setor, mas ele queria experimentar e foi.

Mariano era sevilhano, tinha cinquenta anos e havia estudado psicologia em Madri. Ele trabalhava no mundo dos restaurantes, também tinha negócios no setor têxtil e fazia terapia para casais em crise. Nos dois primeiros negócios, ele entrava com dinheiro; e no terceiro negócio, com seu tempo e conhecimento.

Chamava minha atenção a capacidade que ele tinha de gerar dinheiro em áreas tão diferentes. Ele era bom em tudo o que fazia, uma pessoa sábia e dedicada à sua paixão: ajudar as pessoas a terem relacionamentos mais saudáveis. Ele me convidou para tomar uma bebida e botarmos os assuntos em dia, já que tínhamos tempo.

— Fui para Miami porque recebi um convite para fazer um programa de televisão. Já fizemos trinta episódios e está funcionando de forma correta. Não é para soltar fogos, mas está dentro do esperado. Nele me dedico a fazer as sessões de casal e de mentalidade e comportamento humano.

— Você tem um restaurante em Barcelona, também uma loja de roupas, dá aula em universidades, faz terapia de casal e agora também é colunista de um programa de televisão nos Estados Unidos. Como você consegue fazer isso? — perguntei.

— Olhe, Nacho, eu me considero uma pessoa com interesses diversos. Gosto de muitas coisas que, *a priori*, não têm nada a ver uma com a outra. Porém, eu consigo uni-las e isso, somado a uma alta dose de curiosidade, costuma gerar oportunidades. Grande parte do que eu considero sucesso em minha vida se deve a eu ter sido capaz de explorar negócios, pessoas, países ou indústrias diferentes. Eu crio as oportunidades quando tenho a opção de ter tempo, me juntar com pessoas e poder abordar esses novos caminhos.

Aproveite a opcionalidade

Anos mais tarde, Nassim Taleb, matemático, filósofo e professor da Universidade de Nova York, falou em seu livro *Antifrágil* sobre as habilidades que chamei coloquialmente por muitos anos de "olfato de Mariano" e atribuiu a elas o conceito de "opcionalidade". Opcionalidade significa gerar diferentes cenários com várias alternativas, para que se possa escolher o que é mais conveniente executar ou não.

Quando contei a ele que estava escrevendo este livro, ele marcou comigo em um restaurante de Barcelona para botarmos a conversa em dia. Faz tempo que ele não mora em Miami, construiu uma casa nos Pirineus catalães e passa umas semanas na montanha e outras na cidade.

— Para se expor a oportunidades, também é preciso dinheiro. Com dinheiro, a opcionalidade cresce de forma exponencial. Se você tem dinheiro, pode ter tempo para ir a uma festa, a uma refeição improvisada nas montanhas ou a uma reunião em uma terça-feira às onze da manhã. Se você se expõe a oportunidades, podem acontecer coisas interessantes em sua vida. Se você não fizer isso, com certeza não vai acontecer nada.

Sétimo objetivo:
Crie opcionalidade

Nos últimos anos comprovei que quem sabe aproveitar a opcionalidade acaba tendo sucesso e melhor qualidade de vida. Muita gente não conhece esse conceito e também não tem consciência do enorme impacto que ele tem na vida das pessoas. O dinheiro é uma ponte que permite a você maior opcionalidade.

Mas cuidado: não é necessária uma grande quantidade de dinheiro para contar com a opcionalidade, mas ajuda (e muito). Com dinheiro você aumenta o número de opções, acessa outro tipo de pessoas e situações e pode se permitir assistir a eventos ou acontecimentos, e isso provavelmente não seria possível sem dinheiro.

Se você está em um escritório trabalhando de segunda a sexta, das nove da manhã às seis da tarde, e quando termina tem que cuidar dos filhos, da casa, fazer compras... a opcionalidade se reduz. Em um supermercado, enquanto você pesa um quilo de tomate, é mais difícil que aconteçam coisas extraordinárias e gerar oportunidades.

Por outro lado, em uma viagem improvisada, em um café da manhã de negócios ou uma refeição com o diretor-geral de uma multinacional, a opcionalidade aumenta. Mas para reuniões, encontros e experiências não basta ter tempo. Você precisa poder pagar por essa refeição, viagem ou atividade. Se você não pode bancar esse gasto, não vai poder experimentar, e as opções se reduzem.

Habilidades de riqueza

Vou contar a você como me expus a opções e aproveitei várias oportunidades na vida que me permitiram alavancar meu negócio, aumentar minha rede de contatos, ganhar mais dinheiro e me envolver com investimentos econômicos melhores.

Vivemos e operamos em um mercado hiperconectado, no qual a colaboração está ficando mais forte que a competição. Hoje em dia precisamos uns dos outros e são criadas sinergias enriquecedoras entre pessoas que em um antigo paradigma seriam concorrentes, mas hoje são colaboradores ou sócios.

Aproveite esse novo paradigma em que vivemos, porque as regras mudaram.

Estas são algumas ações que ajudarão você a criar opcionalidade:

- Invista e se inscreva em eventos, oficinas, palestras, cursos e treinamentos com suas referências ou as referências de seu setor. É útil que vejam você, que saibam quem é, que identifiquem seu nome e saibam que você pagou por suas formações. Você vai estar no radar de contatos importantes e, se for pertinente, poderão surgir colaborações ou oportunidades no futuro.

- Entre no meio ao qual você quer pertencer, se você está procurando uma mudança de rumo profissional. Ou seja, se você gosta de teatro e quer ser atriz, um bom começo pode ser vender ingressos em um teatro. Talvez não seja seu trabalho ideal, mas você está entrando no meio, vai conhecer atores e atrizes, saber como funciona o setor, e vão surgir novas possibilidades. É sua porta de entrada para o novo mundo ao qual você quer pertencer.

- Associe-se a algum clube na cidade, organização não governamental, entre na academia, encontre um hobby em que faça parte de um grupo onde estejam as pessoas das quais você quer se cercar e aquelas que podem ajudá-lo a alcançar seus objetivos. Não há nada como relações. Nenhuma pessoa se constrói sem a ajuda de ninguém. Somos seres sociáveis. Aproveite isso.

- Ajude desinteressadamente os outros. Gere oportunidades de negócio, conecte pessoas e procure soluções para os outros. Resolver problemas de outras pessoas faz com que elas também queiram dar a mão a você. O sucesso em qualquer campo, principalmente naqueles em que o dinheiro está envolvido, exige trabalhar com os outros, não contra eles.

- Com relação ao ponto anterior: o melhor que você pode fazer é ser uma pessoa desinteressadamente generosa. Não pense em quanto você deu, a quem ou durante quanto tempo. O fato de oferecer contatos, seu tempo, formação, serviços, dinheiro ou qualquer outra ferramenta nunca deve ser um meio para conseguir outra coisa, mas o fim em si mesmo.

- Pense em relações e colaborações que sempre sejam *win-win*. Não procure exclusivamente seu benefício pessoal na hora de pedir favores; em vez disso, cuide para que todas as partes envolvidas sejam beneficiadas diante de qualquer movimento.

- Cerque-se de pessoas que estejam na mesma vibração que você, que tenham interesses parecidos e uma mentalidade vencedora. Dizem que somos a soma das cinco pessoas das quais estamos mais próximos. Eu concordo.

- Tente trabalhar em uma empresa na qual você vá aprender e crescer como profissional. Lembre-se que você está ali para contribuir com muito valor, mas principalmente para aprender como funciona o negócio, ampliar sua rede de contatos, adquirir novas habilidades e se expandir. Que a empresa não o use, use você a empresa.

- E por último, seja você mesmo. Não seja o típico *networker* chato, vendedor insistente ou oportunista interesseiro. Esse tipo de pessoa não entende o que significa se relacionar, já que não tem nenhum tipo de relação verdadeira e autêntica.

Atacando oportunidades

Oito meses depois de falar com Mariano e inspirado em sua história, peguei todas as minhas economias (oito mil euros que tinha em minha conta corrente) e, como contei antes, fui morar na Indonésia, para explorar novas oportunidades e ter um pouco mais de liberdade na vida.

Foi um movimento monetariamente inteligente. O custo de vida em Bali era muito inferior ao da Espanha (e ainda é). Nessa ocasião, eu e meu amigo Rodri, que já citei no capítulo três, pagávamos duzentos euros por mês cada um por uma casa com jardim localizada a cinco minutos da praia.

Entre as primeiras coisas que fiz na ilha depois de descartar o negócio de restaurantes foi procurar novas opções e analisar o que queria fazer naquele momento. Andando de moto, encontrei o Canggu Club, o único clube de tênis que havia na região naquele momento. Perguntei por alguém de nível com quem eu pudesse jogar uma partida. Me deram uma lista de sócios, liguei para um e em poucos dias eu estava jogando com ele.

Enquanto eu batia bola com Zach, um francês que estava morando em Bali havia dois anos, se aproximou da quadra o diretor da escola do clube, Robert, um holandês de pele vermelha de 32 anos e quase dois metros de altura. Ele se apresentou e disse que gostaria de se reunir comigo para nos conhecermos.

No dia seguinte, no intervalo das aulas que Robert dava, fomos almoçar juntos no restaurante do clube. Contei a ele de minha experiência como treinador e ele comentou que estavam em uma época de mudanças na escola. Estavam experimentando um crescimento de expatriados que iam viver em Bali, e eles procuravam alguém que pudesse se encarregar de toda a escola.

Ao ver meu estilo de jogo, a experiência que eu tinha, apesar de ter apenas 23 anos, e minha forma de me relacionar com as pessoas, ele decidiu apostar em mim como a pessoa apropriada para dirigir a seção de tênis de todo o clube.

Eu estava em Bali havia uma semana e já tinha vivido na carne a opcionalidade, deixando abertas as possibilidades de aceitar (ou não) oportunidades. Depois de duas semanas, já tinha desistido de empreender no mundo dos restaurantes e comecei como diretor da escola.

Sem ter uma necessidade imediata de dizer sim ao trabalho, pude negociar melhor minhas condições. Eu tinha economias e, devido ao baixo custo de vida, podia me manter durante mais de um ano com aqueles oito mil euros em minha conta corrente, supondo que não tivesse nenhuma renda.

Entretanto, a empresa tinha urgência de contratar alguém que demonstrasse experiência, soubesse de tênis, dominasse o inglês e tivesse boa presença. Não era fácil encontrar com rapidez um perfil como o meu, vivendo na ilha e com disponibilidade total e imediata.

Sabendo dessas condições, entendi a importância de dispor de uma conta com dinheiro, já que isso me permitiu ter a última palavra. Se em lugar de oito mil euros tivesse mil, minha urgência teria sido maior. O dinheiro me permitiu comprar liberdade e ter opcionalidade. Quanto mais dinheiro, maior a capacidade de dizer não a certas ofertas ou propostas ruins.

Sem dinheiro eu não poderia ter ido experimentar Bali. Experimentar dá espaço para novas possibilidades e conecta você com novas pessoas. Esses novos contatos abrem oportunidades, e estas, por sua vez, podem ser novas possibilidades de negócio ou propiciar a você um estilo de vida novo e melhor. Isso pode mudar tudo.

A criação constante de oportunidades é um mecanismo de sucesso garantido. Hoje em Barcelona, ontem na Costa Rica, anteontem em Bali, no início na Argentina e amanhã quem pode saber onde. O sucesso acontece quando a pessoa se movimenta e entra em ação.

A mudança o acompanha

Contar com um plano é importante para saber para onde você está indo e, então, tomar decisões que o aproximam desse ponto de chegada. Embora soe paradoxal, é importante saber que, à medida que o tempo passa, as pessoas vão mudando constantemente de opinião e sua forma de ver as coisas. Muita coisa que tem valor para nós hoje pode não servir no futuro.

Você pode saber com clareza o que quer, mas não saber como fazer isso. E o que hoje você acha que é o caminho certo, amanhã pode não ser. Nós, seres humanos, mudamos de opinião. Não temos, aos oito anos, a mesma visão de vida que temos aos 16. Tampouco quando estamos na universidade e, depois, aos 33 anos. Uma coisa é pensar sem filhos; outra é fazer isso tendo filhos.

O planejamento a longo prazo é mais complicado do que as pessoas imaginam, porque, com o passar dos anos, os objetivos, desejos, medos e motivações vão mudando. Os planos são maleáveis, dinâmicos e têm vida própria. Existe essa famosa frase: "Se você quer fazer Deus rir, conte a ele seus planos", em referência à vida se encarregar de fazer o que quer, independentemente dos desejos de uma pessoa. Por isso, entre tantos fatores, poucos planos sobrevivem quando são executados na vida real.

Tudo isso que falamos não é para que você menospreze o que tinha pensado até agora ou o plano que está executando. Ter um mapa, mudar a mentalidade de curto prazo para uma mentalidade de longo prazo e sustentar ações repetidas ao longo do tempo é o que vai lhe trazer resultados satisfatórios. Mas, para isso, devemos conviver com a mudança.

Isso serve para tomarmos consciência de que não acontece nada se em algum momento mudamos de opinião, de necessidades, gostos ou forma de ver a vida. Quanto antes aceitarmos que a mudança é uma constante na vida, menos vamos sofrer, melhor vamos nos adaptar e encarar as circunstâncias quando não acontecer o que desejamos.

Com as finanças ocorre exatamente o mesmo. É essencial planejar a longo prazo, mas entendendo que os planos podem ser dinâmicos e flexíveis e estar sujeitos às necessidades das pessoas em cada momento.

Podem surgir sentimentos de culpa, mal-estar ou autoexigências por nos desviarmos de nosso objetivo inicial ou mesmo por sentirmos que perdemos tempo demais fazendo uma coisa que já não está de acordo conosco.

Entretanto, como diz Pablo d'Ors em seu livro *Biografia do silêncio*, "é absurdo condenar a ignorância passada a partir da sabedoria presente".

Tenha um plano, mas viva-o com flexibilidade. E se você mudar, seja coerente em suas decisões.

Passo oito: faça seu dinheiro crescer

O melhor investimento do mundo

Com o objetivo de continuar percorrendo o caminho da verdadeira fartura, chegou o momento de jogar na primeira divisão e começar a investir. Mas antes de botar seu dinheiro para trabalhar na bolsa, em ações, fundos de renda fixa, imóveis, Bitcoin ou outro tipo de produto ou veículo, você vai ter que investir no ativo que pode dar os melhores rendimentos do mundo: você mesmo.

Sua formação é o investimento que paga melhor e faz você perder menos dinheiro por ser ignorante. Perdi dezenas de milhares de euros procurando atalhos porque não dispunha de formação suficiente. Tinha vontade e motivação, mas me faltava educação financeira. Me aventurei a fazer investimentos que terminaram em prejuízos. Procurar fórmulas mágicas com rentabilidades assombrosas e capitais supostamente garantidos é o caminho direto para que roubem seu dinheiro.

Eu tinha certa atitude correta (o fato de querer crescer, progredir e investir), mas não contava com nenhuma estratégia nem conhecimentos suficientes. Além disso, destinei mais dinheiro do que aquele que estava disposto a perder. Estava tentando dirigir uma Ferrari sem ter tirado carteira de habilitação.

Se eu tivesse estudado, não teria tido perdas tão altas. A formação em educação financeira nos ajuda a proteger melhor nosso dinheiro, a saber com segurança onde estamos nos metendo, a criar um plano de investimento com sentido, a entender que os milagres não existem, a investir apenas o dinheiro de que não precisamos em médio prazo, a diversificar os investimentos, a ler as letras miúdas, a controlar nossas emoções, a calcular as comissões e a acessar uma grande quantidade de informação que, sem formação, deixamos passar.

O simples fato de você ter nas mãos um livro como este é um grande passo na busca de respostas. Significa que você tem motivação suficiente para melhorar suas finanças e sua vida. Isso é digno de admiração e de valorização.

Depois de chegar a esse ponto do caminho, você já dispõe de um colchão de segurança que permite que passe meses sem trabalhar, começou um plano para quitar todas as suas dívidas (ou mesmo já as pagou) e tem uma noção clara de quanto dinheiro entra e sai a cada mês.

Além disso, sua mente mudou. Você já não está aqui apenas para gastar dinheiro, você gosta de gerá-lo e está em paz com ele. Você tem uma mentalidade de produtor e a capacidade de procurar, farejar e detectar oportunidades. Você trabalhou sua visão de longo prazo e falta apenas o último ingrediente: investir para fazer com que seu patrimônio cresça.

Em busca de retornos

Investir é empregar o dinheiro em um produto, serviço ou ativo com a esperança de gerar mais dinheiro.

Não entendo o investimento abordando-o como um lobo de Wall Street e pensando "quanto mais, melhor", já que o mais provável é que, paradoxalmente, eu fique com menos. Também não se trata de pensar que vou ficar rico em um piscar de olhos ou que vou nadar em dinheiro com minha nova fortuna.

É importante saber:

- Quando é suficiente.
- De que quantidade de dinheiro preciso para ter coberto meu estilo de vida ideal.
- Ser realista para alcançar esse plano com consciência e segurança.

Depois de chegar a esse ponto, você deve investir em formação, em conhecer os diferentes instrumentos de investimento, para poder escolher com sabedoria o que melhor se adapta a você. Aprender significa romper com os medos de investir, perceber que, por razões que já vou explicar, é mais arriscado não fazer isso.

A inflação, o assassino silencioso

Um dos motivos pelos quais é importante aprender a investir é que a inflação não vá devorando seu dinheiro, e que o Estado também não faça uma festa à base de impostos sobre suas economias.

A inflação é uma consequência da desvalorização da moeda. Como cada vez se imprime mais dinheiro, e há mais em circulação, a moeda vale menos. Quanto mais oferta existe, menos valem nossos euros, dólares, pesos ou reais. E se a moeda vale menos, os preços sobem.

Em resumo, a inflação é um dos grandes motivos pelos quais seu dinheiro vale menos e você fica mais pobre a cada dia. Sobe a gasolina, a conta de luz, os alimentos no supermercado, os impostos, a moradia... Mas seu salário sobe de acordo com a escalada de preços dos produtos ou serviços que consumimos no dia a dia? Não. E suas economias aumentam? Não é preciso que me responda. Se você não investir, a resposta também é não.

A inflação é o imposto silencioso que vai destruindo nossas finanças pessoais. Por isso, deixar o dinheiro parado em conta corrente nem sempre é a opção com menos risco.

Oitavo objetivo:
Invista

Só pelo fato de resguardar o valor do dinheiro já devíamos pensar na opção de investir. Quanto mais tempo o dinheiro fica parado, mais estamos perdendo por culpa desse fenômeno monetário.

Diz um provérbio chinês que o melhor momento para plantar uma árvore foi há vinte anos, e agora é o segundo melhor momento. O mesmo acontece com os investimentos. E aqui não queremos que amanhã seja tarde.

Muitas pessoas veem os investimentos como uma coisa realmente complexa, mas na verdade é muitíssimo mais simples do que parece. Há diferentes formas de investir que não exigem análise de gráficos, linguagem técnica, nem horas de dedicação a cada dia. Por mais que pareça uma montanha de informação que angustia, não é necessário ser um especialista para investir. Isso é acessível a todo mundo.

Perfil do investidor

Como vimos ao longo do livro, o eneatipo Cinco não vai se relacionar da mesma maneira que um eneatipo Oito com o risco e os investimentos. Um deles vai buscar a prudência, com a mente mais fria para tomar decisões, enquanto o outro será mais propenso a arriscar e vai entrar com força e vigor.

Quando você decide botar seu dinheiro para trabalhar, deve fazer isso sempre de acordo com como interpreta o mundo. O investimento que você fizer deve estar alinhado com sua forma de se relacionar com o dinheiro, de entender o risco, os medos, a vida, o objetivo temporal e sua situação financeira.

Você terá de encontrar o tipo de investimento mais adequado para seu momento atual e seu tipo de personalidade. Assim, você vai poder tomar decisões melhores para saber onde aplicar suas economias.

O eneatipo Sete costuma ser um perfil de pessoa que, *a priori*, vai precisar se divertir com os investimentos e vai procurar ser mais ativo que passivo. Pois bem, se você está disposto a assumir os riscos que implicam a mudança de investimento a curto prazo ou a querer superar de forma manual o mercado, isso é de cada um.

O que está claro é que investir em produtos que não são para seu perfil de investidor provavelmente vai levá-lo a perder dinheiro e a não descansar bem à noite. Portanto, o primeiro interessado em conhecer seu perfil de investidor é você.

Existem três tipos de perfil:

1. **Conservador:** ele se caracteriza por sua aversão ao risco, à volatilidade e às perdas. Valoriza a segurança de seu investimento mais que a rentabilidade e procura assumir o menor risco possível. Prefere rendimentos baixos, estáveis e seguros, com o objetivo de preservar seu dinheiro. Costuma investir com o olhar no longo prazo. Não costuma se envolver muito nos investimentos, prefere tê-los automatizados e deixar correr o tempo,

fazendo uma gestão passiva. Neste grupo, você pode encontrar com facilidade os eneatipos Cinco, Seis e Nove.

2. **Moderado:** está disposto a tolerar certo risco para conseguir uma rentabilidade maior. Não está em um extremo nem em outro, é um meio-termo. O balanceamento e o equilíbrio formam parte de sua maneira de ver o investimento. Costuma investir com o olhar no médio prazo. Neste grupo você pode encontrar com facilidade os eneatipos Um, Dois e Quatro.

3. **Agressivo:** este perfil é o que busca mais rentabilidade assumindo os maiores riscos. Ele considera o investimento um desafio, um jogo ou uma competição, e por isso está disposto a aceitar eventuais perdas. Em busca de adrenalina, pode fazer movimentos mais bruscos e arriscados. Por ser uma pessoa mais propensa a se envolver ativamente em seus investimentos, isso pode resultar tanto em ganhos substanciais quanto em grandes perdas. Costuma investir em busca da satisfação instantânea ou em curto prazo. Neste grupo você pode encontrar com facilidade os eneatipos Três, Sete e Oito.

Para levar em conta

Essa relação entre os eneatipos e seu perfil como investidor pressupõe um ponto de partida do qual seja possível identificar cada pessoa. Entretanto, isso não quer dizer que ele seja rígido e imutável.

Como comentamos, o eneagrama é uma ferramenta flexível, sujeita à experiência de cada um e também ao seu momento de vida. Ele mostra tendências e comportamentos característicos que nascem de maneira automática em cada indivíduo.

Agora, o objetivo não é ficar empacado nem rotulado em seu eneatipo, mas alcançar um equilíbrio saudável graças aos pontos fortes dos outros tipos de personalidade.

Quando falamos do perfil do investidor, isso não significa que os eneatipos Seis sejam permanentemente conservadores, que os Quatro sejam sempre moderados nem que os Sete se arrisquem constantemente. Eles são nove formas de interagir com o investimento como ponto de partida que podem ir se transformando e se equilibrando com o passar do tempo. Ou seja, pode haver um eneatipo Oito com um perfil mais conservador e um Cinco que queira arriscar.

Como sempre, a chave é o autoconhecimento. Saber de onde você parte, em que ponto está e para onde quer ir em nível econômico. Dessa forma você vai tomar decisões melhores que vão levá-lo do ponto A até o ponto B.

Independentemente de seu eneatipo, você terá uma determinada tolerância ao risco, seja ela maior ou menor, mas ela, como repeti em diversas ocasiões, deve permitir que você descanse à noite.

Faça sempre o que tenha sentido para você e não o que digam os fatores em seu entorno, os números, a rentabilidade ou seja lá quem for. Mais vale ser coerente e razoável consigo mesmo que apenas racional devido ao que digam alguns números. Deixe que seu coração fale.

Bote seu dinheiro para trabalhar

Aqui vão alguns conselhos que serão úteis para você na hora de investir:

1. Dinheiro congelado

Não há nada melhor que seu dinheiro trabalhar para você, mas o mais importante é viver tranquilo e em paz. No momento de investir, é preciso fazer isso com o olhar no longo prazo, mas sem descuidar do curto prazo.

O dinheiro que você investe é um dinheiro que você deve estar disposto a ver encolher em épocas turbulentas. Na verdade, no momento que escrevo estas linhas, as bolsas estão caindo rapidamente, o Bitcoin e as criptomoedas, também, e os preços não param de subir devido à inflação.

Todos devemos pagar contas, impostos, alimentos, lazer, habitação, além de outros gastos fixos e variáveis que temos todos os meses. Só quando os gastos básicos de sobrevivência estão cobertos é que podemos pensar em investir. Caso contrário, é provável que os problemas financeiros batam à sua porta. Mantenha-se o mais longe possível de um xeque-mate financeiro.

2. Divida o jogo

Muito conhecida é a frase "Não ponha todos os ovos na mesma cesta". Pois bem, nos investimentos é de vital importância diversificar, ou seja, não concentrar todo o dinheiro em uma única ação, em um único setor ou na compra de uma única criptomoeda, por exemplo. Essa é uma regra básica para qualquer investidor, independentemente do dinheiro de que ele dispõe.

Pondo essa estratégia em prática, é possível compensar perdas de um lado com ganhos de outro. Se os riscos estão mais controlados, à noite você descansa melhor, pelo menos no meu caso.

Um exemplo de carteira de investimentos bem diversificada e ao alcance de todos poderia ser a combinação de ações, fundos de investimento, bônus, Bitcoin, moedas e *commodities*. O importante é estar protegido suavizando exposições arriscadas.

3. De mão frouxa a mão dura

Chamo de mãos frouxas aqueles investidores que se desfazem de seus ativos em pleno ataque de pânico. Arrastados pelo medo, tomam decisões com o coração e mente quentes. Em lugar de manter seu investimento e esperar que o mercado se equilibre, decidem vender na mínima quando há um *crash* na bolsa, um *crash* imobiliário ou o valor do Bitcoin esteja no chão.

"Quando meu engraxate investe na bolsa, eu vendo tudo", dizia John Davidson Rockefeller. Também há quem diga que não foi Rockefeller que disse essa frase, mas Joseph P. Kennedy.

Independentemente de quem a tenha dito, o que ela evidencia é que quando um grande percentual de pessoas que não estão familiarizadas com os investimentos começa a investir em X (seja lá o que for) e fala do assunto como se tivesse passado toda a vida fazendo isso, então é muito possível que estejamos diante de uma bolha a ponto de estourar.

Nesse caso, estaríamos em um momento muito ruim para comprar e muito bom para vender. Nessas bolhas costuma entrar e sair um grande influxo de dinheiro procedente de mãos sem conhecimento, o que leva a movimentos imprevisíveis, pouco racionais e carregados de medo. Quanto mais vendem, mais cai o preço do mercado.

Hoje em dia, os investimentos são mais populares, e a frase de Rockefeller podia estar um pouco defasada e descontextualizada. Entretanto, às vezes ela continua sendo aplicada; por se tratar de um comportamento humano, essas tendências continuam se mantendo.

4. Nunca se endivide para investir

Nunca peça um empréstimo para investir se você é um investidor inexperiente. Você pode cometer um erro catastrófico que defina sua vida. As dívidas devem estar fora da equação para investir na bolsa, em fundos, em criptomoedas, em bônus, em ouro etc.

Além disso, com o auge da internet e as novas tecnologias, é cada vez mais frequente encontrar empresas que prestam serviços de investimento sem autorização para fazer isso. Elas operam ilegalmente, sem estarem autorizadas pela Comissão de Valores Mobiliários (CVM) nem por nenhum outro órgão regulador oficial. Elas agem sem escrúpulos e com aparente normalidade quando, sob nenhum conceito, estão habilitadas para fazer isso.

Detectar esses "camelôs financeiros" não é tarefa fácil, já que eles estão bem camuflados e empregam estratégias de comunicação elaboradas para captar pessoas de pouca formação.

A premissa para fugir deles é clara. É preciso desconfiar de:

- Rentabilidades garantidas que dizem ser 100% seguras.
- Gráficos manipuláveis com constantes acertos e poucos (ou nenhum) erros.
- Múltiplas vantagens por ser cliente deles.
- Incentivos econômicos para atrair amigos e novos clientes.
- Pressão contínua para você depositar dinheiro de maneira repetitiva.

No passado fui vítima de golpes e cheguei a perder dezenas de milhares de dólares por ignorância. Como não tinha nenhuma formação, comprei a ideia de que podia ganhar muito dinheiro sem esforço, em muito pouco tempo e sem risco.

Esse não é o caminho para a verdadeira riqueza.

5. O QUE TENHA SENTIDO PARA VOCÊ

Os comportamentos com nossas finanças pessoais têm diferentes componentes peculiares. Podemos fazer coisas que tecnicamente não sejam corretas e pareçam absurdas de um ponto de vista econômico ou matemático, entretanto tenham sentido em âmbito pessoal e emocional.

Tenho um amigo com quem compartilho 99% de visão da vida, dos negócios, do estilo de vida que levamos, do amor conjugal e da família. Entretanto, na relação com o dinheiro, somos opostos.

O que funciona para ele, embora não se sustente de um ponto de vista lógico e racional, para mim não funciona de jeito nenhum. Mas para ele é razoável e coerente com o que ele sente como pessoa e como investidor sobre sua maneira de gerir o dinheiro.

Uma coisa parecida acontece comigo particularmente com ativos como o Bitcoin. Gosto dele em nível filosófico, sua proposta de valor me apaixona e me deu grandes alegrias no passado. Por mais que ele tenha muitos detratores, aspectos com os quais pode despertar dúvidas e uma volatilidade incrível, continuo acreditando firmemente nesse ativo. Na verdade, posso afirmar que vou morrer com *satoshis* em minha *wallet*, independentemente de se o preço cair a zero ou disparar para um milhão de euros por Bitcoin.

Investir em algo pelo que se tem carinho, apreço ou devoção põe o investidor em um cenário mais favorável tanto em épocas de alta quanto de baixa. A capacidade de resistir e aguentar sem vender em períodos ruins é maior, já que o investidor tem um vínculo com o investimento. Isso faz com que as possibilidades de obter maiores rentabilidades sejam mais altas.

Em lado contrário acontece o mesmo, mas ao revés. Se uma pessoa investe em uma empresa buscando apenas a maior rentabilidade, sem se importar minimamente com esse setor, produto ou serviço, as possibilidades de que ele tome decisões ruins em caso de uma maré negativa são altas.

Nudismo financeiro

Durante uma época de minha vida, fiquei obcecado por gráficos, consultava cotizações constantemente, fazia cursos de *trading*, operava com alertas e seguia todas as notícias do mundo das bolsas e da criptoeconomia para estar atualizado.

Além disso, me informava sobre análises técnicas, observava tendências e acreditava ter o poder de prever o futuro de ações e moedas. Muitos euros jogados no lixo e noites de insônia me levaram à conclusão de que acreditar ser mais esperto que o mercado não é uma opção inteligente para minhas finanças (nem para minha saúde emocional).

E acreditar ser mais inteligente que o mercado é uma atitude que milhares de pessoas promovem por meio das redes sociais: controlam suas finanças nos mínimos detalhes, conseguem rentabilidades mensais acima de 10% e apresentam gráficos positivos de forma recorrente. Todos bonitos, ricos e inteligentes.

Mas investir não depende de se exibir nas redes sociais, isso é ruído e fumaça para caçar investidores novatos. Investir é tomar decisões que, além de gerarem dinheiro, permitam que você durma tranquilo.

Meu estilo de investimento é contrário ao que se promove aos quatro ventos no Instagram, no Twitter ou no YouTube. É entediante, está automatizado e só exige meu tempo. Tenho uma carteira isolada de ruídos, que cresce a cada ano e, o mais importante, sem que eu dedique horas a ela.

Isso foi decidido em família. Não é a única maneira de investir nem a única correta. Aqui entram em jogo as metas de cada um, as necessidades familiares e aquilo que, pessoalmente, nos faz dormir tranquilos. Não olhamos para gráficos nem para fórmulas, nem há movimento constante de um lado para outro. É o que nos cai bem, e assim nós o botamos em prática.

Charlie Munger, um dos investidores mais conhecidos do mundo, sócio de Warren Buffet, disse uma vez: "Eu não tinha a intenção de ficar rico. Eu só queria ser independente."

Bom, nós aplicamos a filosofia de Charlie. Sempre buscamos a liberdade de tempo, a verdadeira riqueza. Não nos obcecamos com rentabilidades altíssimas de risco máximo. Ter o último modelo de Audi estacionado na garagem, a casa cheia de luxos inúteis ou esbanjar dinheiro em compras desnecessárias não é algo que chame nossa atenção. Não temos muito interesse por isso.

O que eu quero, acima de tudo, é saber que me levanto cada manhã e decido se vou fazer exercício, se levo meu filho à escola, se vou ao escritório ou se fico em casa lendo. Minha vida, minhas regras. Meu tempo, minhas condições.

Se sinto que comprar um Audi de 55 mil euros a prazo me tira a liberdade, eu o removo da equação de forma automática. Por isso, hoje em dia, não temos um.

Meu objetivo não é ser independente financeiramente para deixar de trabalhar. Gosto de trabalhar, de escrever, de oferecer cursos e treinamentos, de ser mentor de alunos e de dar palestras. Mas ter dinheiro me permite escolher com quem trabalho, de que forma, sob que condições e durante quanto tempo.

Você pode pensar que para chegar a essa posição é preciso muitíssimo dinheiro, mas deixe-me lhe dizer que isso nem sempre está correto. Trata-se de ter um controle sobre suas finanças, estar atento para não cair na armadilha de constantes desejos materiais, de expectativas que vêm de fora e também de não levar uma vida que esteja acima de nossas possibilidades.

Podemos passar um ano inteiro jantando fora todos os dias? Podemos. Consideramos que isso é inteligente? Não.

Isso tiraria nossa liberdade? Sim, perderíamos capacidade de poupança e opcionalidade.

Eu dispenso.

Os erros que cometemos ao longo da vida com nossas finanças nos levaram a uma situação na qual nos sentimos orgulhosos: não temos a sensação de que nos privamos de nada, aproveitamos nosso tempo, vivemos com comodidade e nunca usamos o despertador. Para nós, somos ricos.

Também faz anos que entendemos os jogos de status em que competem os vizinhos e grupos de amigos. Nós, por filosofia de vida, não entramos neles. Vemos que nossos vizinhos têm carros melhores que o nosso, mas saem de casa de madrugada e voltam à noite. Não compramos status, compramos tempo e nos concentramos em melhorar nossa qualidade de vida.

Nós temos um colchão financeiro que nos permite ficar vários anos sem trabalhar, sem entrar um euro em nossa conta corrente, mas sem perder nosso estilo de vida. Ter esse dinheiro é o que nos dá tranquilidade e nos permite tomar decisões melhores, sem estarmos afogados e podendo pensar em médio e longo prazo mais que em curto prazo.

Há anos não tocamos nesse dinheiro para nada. Não tivemos grandes imprevistos a pagar nem nunca recorremos a ele. Ter liquidez é a gasolina da liberdade, e não nos importa que a inflação coma parte desse dinheiro. Eu o rentabilizo por outro lado. Se durmo bem, tomo decisões melhores e gero outros ativos.

Também vimos que sistematizar nossos investimentos nos gera paz. Cada primeiro dia do mês efetuo uma transferência de minha conta bancária para meu fundo de renda fixa. Nós fazemos assim porque, como comentei anteriormente, não gosto de sair investigando o mercado para ver a infinidade de opções existentes. Prefiro que um gestor automatizado faça isso por mim e diversifique a compra de ações em dezenas, centenas ou milhares de empresas ao redor do mundo. Os custos são baixos, seguimos uma estratégia de longo prazo e deixamos que os juros compostos façam seu trabalho.

Nos meses em que o faturamento é mais alto, me permito transferir um dinheiro extra. Não sei a quantia nem quando vai ser. Tudo acontece de acordo com o faturamento, as necessidades e estratégias de minha empresa.

Não quero uma medalha de melhor investidor do mundo nem daquele que consegue maior rentabilidade. Minha medalha chega na forma de um beijo de minha parceira, de meu filho e quando vou para a cama dormir sabendo que, depois de muitos anos de sofrimento, agora estamos tranquilos economicamente.

Por outro lado, um percentual de nosso patrimônio está em Bitcoins. Compramos há anos pela filosofia desse ativo, pelos problemas que ele resolve e porque, *a priori*, não parece estar controlado por nenhum governo, banco central nem grupo de pessoas.

Não sabemos o que vai acontecer no futuro, mas no momento achamos que pode ser um bom investimento. E enquanto escrevo estas linhas, os números confirmam isso.

Estamos satisfeitos e nossa visão é de longo prazo (mais de 15 ou vinte anos). No futuro, como vamos estar? Vamos seguir mais ou menos satisfeitos em função do preço, isso está claro, mas destinamos um dinheiro do qual não precisávamos. Se o Bitcoin cair a zero, a jogada econômica não vai ter corrido bem, mas nossa vida vai continuar igual. O futuro vai dizer.

Além de nosso capital investido em fundos indexados, nosso colchão de segurança, dos Bitcoins e de outras criptomoedas, temos parte de nosso dinheiro em ouro e prata físicos guardados em cofres em outros países. É um percentual pequeno da carteira, em torno de 7%.

Por último, onde mais costumo investir é em mim mesmo e em minha empresa. Destino capital para formação, ferramentas, automatização, cursos, mentores, colaboradores, *branding*, marketing e imagem. Nada vai me dar maior rentabilidade que ter uma mente treinada, ágil e preparada para criar oportunidades e negócios.

Tenho consciência de que essa maneira de investir não vai funcionar com todo mundo nem será compartilhada por muita gente. Mas para nós funciona, e isso é a única coisa que importa. Você deve encontrar a fórmula que seja útil para você.

Ser investidor não é como se proclamar um jogador de xadrez, onde você precisa seguir regras estritas e preestabelecidas. Aqui você decide suas regras e se transforma em jogador à medida que precise disso.

Nossa maneira de agir está baseada em ter ordem, controlar gastos, aumentar o nível de poupança e investir cada vez mais dinheiro. Entretanto, há uma coisa de que mais gosto: gerar maiores fontes de renda.

Aí está o que para nós tem mais sentido. Uma vez que temos mais renda, poupamos mais e investimos ainda mais. Sem obsessões, mas com a clareza de saber qual é o ponto que marca a diferença em nível econômico.

Os atributos que acompanham nosso plano são a paciência (aprendi isso nos últimos anos), o otimismo e a visão de longo prazo. Isso não vamos mudar, porque traz bons resultados tanto na vida quanto com dinheiro.

Agora, ao longo de minha vida, modifiquei minha estratégia de investimento várias vezes, por isso somos conscientes de que ela pode variar no futuro. Meu objetivo é ir agregando mais alguns ativos, mas a prioridade absoluta é ter a verdadeira riqueza: liberdade de agenda e tempo.

Onde investir?

Eu gostaria de presenteá-lo com um guia prático para que você possa ver as diferentes opções nas quais pode começar a investir suas economias. Ninguém deve dizer a você onde aplicar seu capital, isso é algo que você tem que escolher em função de seu tipo de personalidade.

Há uma infinidade de alternativas, mas quero explicar da maneira mais simples possível cada uma delas, para que você comece seu próprio caminho.

Visite www.nachomuhlenberg.com/dinerograma para acessar gratuitamente o guia.

Passo nove: a verdadeira riqueza

Controle seu tempo, ame sua vida

A verdadeira riqueza não é jantar todas as noites em restaurantes com estrelas Michelin e postar as fotos no Instagram. Também não é ter dez bolsas de luxo, joias de ouro ou carros caros na garagem de casa. É muito mais simples.

Como eu disse várias vezes, para mim é ter o controle de minha vida. É dispor de liberdade de movimentos. É poder dizer o que penso e sinto com respeito e empatia, mas sem o medo de que um cliente ou um chefe se aborreça.

O dinheiro é, em grande parte, o meio para conseguir a verdadeira riqueza, mas não o fim em si mesmo. O grande valor que o dinheiro nos permite é a capacidade de assumirmos controle sobre nosso tempo, para, pouco a pouco, conseguir uma maior independência de movimentos.

Há pessoas com muito mais dinheiro que você e eu juntos, mas que são mais escravas que nós. Bem-vestidas, com salários milionários, mas dependentes de chefes, investidores e acionistas. Trabalham com horários rígidos, têm códigos de vestimenta e tomam remédios para dormir. Acordam às quatro e meia da madrugada não por prazer, mas por insônia, estresse e ansiedade.

E muitas pessoas chamariam isso de "ganhar a vida" quando o que estão fazendo é ganhar a morte em vida, o que é bem diferente.

**Enough*

John Bogle, um dos melhores investidores da história, conta em seu livro *Enough* o problema de se sentir constantemente insatisfeito.

O autor americano explica que, durante uma festa privada em Nova York, dois escritores conhecidos conversavam de maneira amistosa sobre o trabalho, a vida e o dinheiro.

Em determinado momento, um deles disse ao outro que o anfitrião da casa, um gestor de fundos, tinha ganhado mais dinheiro em apenas um dia que o outro escritor em toda a sua carreira profissional com um romance em particular. O romancista, refletindo sobre o que acabava de ouvir, respondeu: "É, mas eu tenho uma coisa que ele nunca vai ter... Eu tenho o suficiente."

E isso é o que a maioria das pessoas do mundo ocidental parece nunca ter. Na verdade, muitas dessas pessoas estão agora em uma situação na qual seu "eu" de dez ou 15 anos atrás teria desejado estar.

Entretanto, continuam na roda do hamster, procurando a felicidade fora, tentando conseguir sempre mais, mas sem nunca se sentirem satisfeitas.

Nono objetivo:
Sentir-se atendido

Quando nascemos, nossos pais se encarregam que nossas necessidades básicas sejam atendidas. À medida que vamos crescendo, nos dão presentes, como uma bicicleta, bonecas ou bolas; objetos que nos distraem e nos trazem grande prazer e felicidade.

Conforme a criança se transforma em adolescente e começa a ter seus primeiros ganhos em dinheiro, passa a comprar pequenos objetos de desejo. Com o passar dos anos, o adolescente deixa para trás os pequenos objetos para adquirir caprichos luxuosos.

De forma quase imperceptível, ocorre uma transição à medida que mais renda é gerada. Com mais dinheiro, mais caprichos. E de repente o que dá satisfação é um objeto externo que se compra com dinheiro.

Ao botar o foco no dinheiro, entra-se pela porta principal no mundo da insatisfação crônica, a roda da infelicidade na qual as pessoas melhoram seu status em detrimento da qualidade de vida. A insuficiência permanente marca sua presença.

Você perseguia o dinheiro achando que ele o faria feliz, mas essa busca incessante leva a uma qualidade de vida pior. A curva de satisfação começa a cair bruscamente. Mais dinheiro, mais gastos, mais amarras, mais falta de tranquilidade e menos liberdade.

A verdadeira sabedoria chega no momento em que uma pessoa é capaz de saber quando se sente satisfeita. E esse momento é muito subjetivo. O que para mim pode ser suficiente para outro pode ser incompreensivelmente pouco. É um estado no qual se valoriza o que se tem, no qual a pessoa se sente plena, vive feliz e satisfeita.

É uma sensação pessoal de calma e introspecção, na qual não há comparação com o exterior nem com os outros. Só o prazer interno com o que você é, o que já tem, como vive e o que faz. Essa é a verdadeira riqueza.

Você não precisa de mais. Não caia em caprichos que tenham um custo em saúde, tempo ou energia irrecuperáveis. Você está aprendendo a ser feliz levando menos a sério algumas coisas que antes roubavam suas forças. Agora, as realmente importantes, como a saúde, o amor, o bem-estar, seu propósito ou a verdadeira riqueza, são prioritárias.

Quando você elimina a ideia de que deve conseguir mais coisas porque sempre falta algo em sua vida é quando você está acariciando a felicidade. É um estado ao qual devemos aprender a chegar, tirando de nosso vocabulário palavras tão usadas no dia a dia como "tenho que fazer isso", "preciso comprar aquilo", "tenho que conseguir o outro" e uma infinidade de cenouras que nos fazem seguir em frente sem percebermos que somos o burro com uma vara sobre a cabeça.

E para você, quanto é suficiente?

Aceitar nosso passado econômico

No momento em que experimentamos a verdadeira riqueza e vivemos esse sentimento de abundância, começamos a nos reconciliar com nosso passado. Aceitar da melhor maneira possível toda situação que tenhamos experimentado, criado ou vivido em nosso passado é dar passos na direção da paz e da tranquilidade.

Em termos econômicos, nada do que foi ganho, perdido, arriscado, mal administrado ou esbanjado deve ser motivo de conflito interno. Também não é motivo para se autoflagelar. Atormentar-se, criticar-se e arrepender-se em excesso não servem para nada.

Como diz a sabedoria popular, "o que está feito está feito" e é imutável, apesar de tudo.

Entretanto, nosso passado financeiro deveria ser tomado como um exercício de aprendizado e autoconhecimento, para evitar a repetição de erros no futuro e também trazer aceitação do que ocorreu ao longo da vida.

O passado não pode ser modificado e é preciso aceitá-lo, mas, como pessoas responsáveis, deveríamos ter consciência da importância de ter um plano no presente para melhorar nosso futuro.

Também é habitual que, a partir dos quarenta ou 45 anos, comece a pressa para recuperar o tempo perdido. Entretanto, isso é sempre má companhia no caminho do investidor, já que esse sentimento leva à tomada de decisões ruins, que terminam prejudicando seriamente a saúde financeira, física e emocional de algumas pessoas.

Como diz o investidor de origem indiana Naval Ravikant, é preciso ter "impaciência com as ações e paciência com os resultados". Estes últimos demoram a chegar. Não há varinhas mágicas por mais pressa que tenhamos ou vontade de ganhar uma corrida contra o tempo.

O importante é ter clara a direção que queremos seguir, aplicando os diferentes passos para colher os resultados em longo prazo enquanto vamos aproveitando o processo.

Não acredito em atrasar a gratificação em todas as ações e decisões, mas me concentro em saber o que faço no meu dia a dia.

O dinheiro é um jogo

Talvez seu vizinho advogado trabalhe em um escritório de prestígio onde ir com terno e gravata de grife, mostrar um Rolex no pulso e estacionar um Mercedes Benz seja inegociável. Ele vai ter que usar esse conjunto de atributos diariamente e isso vai ser uma forma de marcar esse status que ele considera que deve mostrar. Assim, as roupas caras, o relógio de marca e o carro de luxo formam parte das "regras de seu jogo" e servem mesmo para faturar mais dinheiro ou levar o estilo de vida que ele considera adequado.

Esse advogado sabe as regras de seu mundo e deve segui-las, porque assim está determinado. Em parte, somos todos cúmplices desse jogo, gostando mais ou menos. Porque não imagino que alguém que esteja sob risco de ir para a cadeia prefira contratar um advogado que ande de roupa esporte, use um relógio de Bob Esponja e estacione seu Seat León amarelo amassado e arranhado do ano 2003 com um aerofólio e pneus brancos.

Temos algumas regras e as seguimos porque nos identificam. Mas o importante é saber que as roupas caras, o relógio de luxo e o carro sofisticado não fazem parte de meu jogo. Pode ser o do vizinho, mas não é o meu. Não vou competir contra suas necessidades ou caprichos porque não fazem falta em meu dia a dia.

Ele tem incentivos e aspirações profissionais na hora de comprar esses produtos. Entretanto, em meu estilo de vida eles não são necessários, a menos que eu entre em uma absurda corrida competitiva contra esse advogado. Ele com suas regras, eu com as minhas.

Quando falamos de dinheiro, poucas coisas importam mais que conhecer a si mesmo. Saber qual é sua aversão ao risco, qual é sua meta, do que precisa e, sobretudo, que estilo de vida deseja ter.

A verdadeira riqueza consiste em ter um equilíbrio interior saudável sabendo que o dinheiro é um meio para conseguir a vida que você quer. O dinheiro que você busca é seu tempo de vida entregue em troca de dinheiro ou zeros na sua conta corrente. Você deve saber de que quantia precisa para se sentir confortável com o que recebe em relação à energia vital que entrega.

Em outras palavras, você está decidindo quanto dinheiro receber em troca de seus pagamentos em tempo a essa empresa, chefe ou negócio com o qual você está envolvido. Saber isso deve permitir que você otimize seu tempo, e não o destine a trabalhos, pessoas ou energias que não estejam alinhados com seus valores e objetivos vitais.

Nada mais sábio que se concentrar em aproveitar sem avareza e, por sua vez, ter prazer sem extrapolar. Nem demais, nem de menos, um meio-termo que permita que você viva um estilo de vida dentro de suas possibilidades, cuidando do que você tem.

Como vibrar na abundância

Visão e oportunidades: a energia do eneatipo Sete nos convida a abrir a porta da abundância de forma corajosa e a nos atrevermos a explorar com confiança novos setores, ideias ou propostas. Criam-se oportunidades (algumas até agora desconhecidas) nas quais o dinheiro flui com naturalidade.

Faça seu dinheiro crescer: o eneatipo Oito é caracterizado por passar à ação, obter resultados e alcançar suas metas. No âmbito econômico, sua energia nos ajuda a dar esses primeiros passos no investimento, botando dinheiro para trabalhar, a fim de ter o controle de nossas finanças. Sua alta capacidade de investigar onde está se metendo faz com que tome decisões de forma convincente.

A verdadeira riqueza: fechando o círculo temos como protagonista a essência do eneatipo Nove, que nos conecta com o que é realmente importante: a tranquilidade e a paz que vêm quando estamos obtendo sucesso, que não é nem mais nem menos que estar apaixonado por sua própria vida. Você se sente pleno, vive na abundância e tem o controle de seu tempo para fazer com ele o que der vontade.

A arte de viver à sua maneira

Ao longo dos nove passos, você realizou um processo de autoconhecimento, de introspecção e de aprendizado. Voltando às origens do caminho rumo à verdadeira riqueza, falamos do mais importante em todo esse processo: dormir tranquilo e viver feliz.

Descansar placidamente deve ser o primeiro e principal objetivo sempre que você realizar qualquer ação, tomar uma decisão ou ajustar sua bússola pessoal. A consciência tranquila não tem preço nem entende de números e rentabilidades.

O que funciona para você pode ser diferente do que é útil para seu irmão, sua sogra ou sua amiga. Por isso deixei um guia de nove passos que segui pessoalmente. Não são passos que você tem que dar obrigatoriamente nessa ordem, mas você pode ir avançando em paralelo, como sentir que é adequado.

Você precisa encontrar sua bússola, seu caminho, e orientar bem seu GPS interior. Se você faz coisas, coisas acontecem, e a vida acaba pagando em longo prazo. Porque há uma coisa da qual você pode estar seguro, e é exatamente o oposto: se você não faz nada, mudanças favoráveis em sua vida nunca vão chegar.

Por último, por favor, saiba que o processo de transformação não termina quando a pessoa faz o primeiro contato com o passo nove. Esse pode ser apenas um primeiro encontro esporádico e fugaz. Isso já é um avanço importante, embora o ideal seja sustentar no tempo essa sensação de tranquilidade e felicidade.

É isso, não vamos fantasiar e ver princesas com vestidos rosa e príncipes louros de olhos azuis dançando com unicórnios. A relação com a verdadeira abundância, a felicidade e o dinheiro é um processo constante de escaladas e melhorias que vai durar toda a vida.

Uma verdadeira transformação pessoal exige uma observação contínua para ir ajustando o que faz com que nos sintamos bem e o que não é útil para que nosso estilo de vida vá se adaptando às inquietações e necessidades do momento.

Você determina o que é a verdadeira riqueza e vive a partir daí.

Lembre-se: sua vida, suas regras.

RECAPITULAÇÃO DOS NOVE PASSOS PARA A VERDADEIRA RIQUEZA

Em seguida, vamos repassar breve e concisamente os nove passos, com o objetivo de que você possa aplicá-los com consciência e sabedoria. São passos simples que o acompanharão para viver de maneira mais plena e tranquila.

Modo sobrevivência

PASSO UM: TRAVESSEIRO FINANCEIRO

O primeiro passo consiste em se conscientizar da importância de botar ordem e estrutura em sua vida pessoal e econômica. É importante elaborar uma lista do que se quer e não se quer na vida. Isso será um grande guia para tomar decisões que aproximem você dos resultados que deseja alcançar.

Seu primeiro objetivo econômico deveria ser não estar vivendo a um dia ou a um mês da falência financeira. Essa é a razão pela qual você deve criar um fundo mínimo de R$ 15 mil, que permita a você ir para a cama com certa tranquilidade, sabendo que, se em um mês acontecer um imprevisto, você vai ter algum dinheiro com o qual reagir.

Este travesseiro financeiro vai ser usado apenas para emergências, imprevistos de primeira necessidade ou formação, e você deve ter acesso imediato a ele. Lembre-se de que nesse passo vai ser útil aplicar algumas das habilidades principais do eneatipo Um, como ser estruturado, organizado, idealista e prático.

PASSO DOIS: *FOLLOW THE MONEY*

Uma vez que sabemos a importância de ter uma direção na qual caminhar, chega o momento de começar a praticar para obter resultados tangíveis. O controle de gastos é primordial para saber o que entra e o que sai de suas contas bancárias.

Além do mais, isso vai permitir observar padrões de comportamento com o dinheiro que você não era capaz de reconhecer (ou não queria reconhecer) e ver de forma clara qual o ponto de partida real em suas finanças pessoais.

Quando você tiver controlado os gastos, pode aderir à filosofia do *conscious spending*, que consiste em alinhar seus gastos com seus objetivos e interesses. Do eneatipo Dois, você vai ter de aprender a controlar os impulsos e a ser mais generoso consigo mesmo e não tanto com outras pessoas.

Passo três: Operação Valentina

No momento em que uma pessoa toma consciência dos gastos que tem (geralmente maiores do que acreditava), ela tende a querer poupar de forma rápida e compulsiva. Entretanto, na grande maioria das ocasiões, o esforço de poupar de maneira extrema para conseguir alguns poucos reais no fim do mês não compensa o pouco que sobra de benefício.

É aqui que entra em jogo a parte mais importante na jornada para conseguir mais dinheiro — buscar novas fontes de renda e aumentar seu faturamento. Isso será uma catapulta para tornar você dono de seu tempo. Graças a virtudes do eneatipo Três, como a realização de metas, a vontade de progredir ou vencer na vida, vai ser mais fácil conseguir fazer aquilo a que você se propõe.

É necessário que você detecte um problema e apresente uma solução para esse inconveniente. Assim vai entrar dinheiro na sua conta corrente.

Uma forma de aumentar a criatividade, o valor que se agrega e a especialização em particular consiste em aprender sobre diferentes áreas para ter uma formação melhor. Dessa forma, por meio da interseção de campos em que uma pessoa é especialista, é possível gerar novas fontes de renda.

Modo *reset*

PASSO QUATRO: A RIQUEZA COMEÇA POR DENTRO

Essa é a fase de questionar suas crenças e comportamentos sabendo que não há normas rígidas no jogo do dinheiro. O que pode ter sentido para mim pode ser absurdo para você.

Graças ao poder de introspecção do eneatipo Quatro, sua capacidade de reflexão e sua autenticidade, é mais fácil conseguir reprogramar nossa mente de forma correta e encontrar as verdadeiras respostas em nosso interior.

Quando começa a despertar a curiosidade sobre o dinheiro, é frequente olhar para o futuro pensando mais em longo prazo que unicamente no aqui e agora. O pensamento de curto prazo está por trás de muitos erros econômicos, por isso é preciso erguer os olhos e decidir com inteligência.

O dinheiro fácil e sem risco não existe nem se consegue com dois passos simples. Uma maneira eficaz de mudar as crenças sobre o dinheiro é conseguindo mais. Se você não sabe como fazer isso, mude para outras realidades e cerque-se de outro tipo de pessoas.

PASSO CINCO: ADEUS, DÍVIDAS!

Poucas sensações são tão prazerosas quanto viver livre de dívidas e com a mochila leve. Não se endivide para viver acima de suas possibilidades. Esse é um terreno perigoso, no qual é muito fácil entrar e muito difícil sair.

Contrair dívidas pode escravizá-lo, fazer você gastar mais pagando em longo prazo, reduzir oportunidades, afetá-lo em sua vida pessoal e desviá-lo do caminho. O objetivo nesse passo é cancelar todas as dívidas para viver com menos amarras e dormir mais tranquilo à noite.

O "método bola de neve" é uma boa maneira de sair das dívidas, e o primeiro objetivo é quitar o mais rápido possível a menor dívida que você tem. Depois de pagá-la, destine o dinheiro que usava para essa quitação para a menor dívida seguinte. Faça isso até ficar livre de correntes monetárias.

Sem lugar para dúvida, o eneatipo Cinco nos ensina a viver com menos, sem ultrapassar nossas possibilidades e, sobretudo, de forma independente, na qual não estamos amarrados a ninguém.

Passo seis: *GET THE MONEY*

Ter boas economias que garantam a manutenção de seu estilo de vida no caso de perda de emprego, um grande imprevisto ou uma redução drástica de sua renda também é sinônimo de dormir tranquilo.

O objetivo ideal seria ter um colchão que garantisse seus gastos, no mínimo, de seis meses a um ano. Não é um passo simples, mas você vai ver que, quando conseguir dá-lo, vai tomar decisões melhores sem a sensação asfixiante de precisar ganhar dinheiro de forma urgente.

Para poupar de maneira eficaz, são necessários três atributos: ter um desejo incendiário de realizar algo, relativizar aquilo de que você precisa para poder viver abaixo de suas possibilidades sem chegar a extremos e criar sistemas de poupança que permitam de forma automatizada chegar àquilo ao que você se propõe.

As habilidades do eneatipo Seis, como a responsabilidade, a prudência e o desejo de estar protegido contra possíveis imprevistos, vão tornar mais simples conseguir o colchão de tranquilidade para nos sentirmos mais seguros.

Modo abundância

Passo sete: visão e oportunidades

Entra em cena a opcionalidade, que significa gerar cenários diferentes nos quais seja possível escolher o mais conveniente em função de suas necessidades e desejos. O dinheiro abre portas para ter mais opções, mas os resultados chegam quando as pessoas se movimentam, ativam, geram sinergias e agregam valor.

A mudança é uma constante em nossa vida. Aprender a conviver com ela, sabendo que o que funcionou para nós no passado pode não funcionar na atualidade, vai nos livrar do sofrimento e da rigidez mental. Com o objetivo de aproveitar essas oportunidades, a energia do eneatipo Sete pode ajudar você a ser uma pessoa mais extrovertida, que priorize as relações e seja generosa e divertida, ingredientes necessários para criar conexões reais com outras pessoas.

Passo oito: faça seu dinheiro crescer

A educação é o investimento mais rentável do planeta, o que paga melhor e faz você perder menos dinheiro por ser ignorante. Investir é empregar o dinheiro em um produto, serviço ou ativo com a esperança de gerar mais dinheiro.

Você deve conhecer seu perfil de investidor para saber se é mais do tipo conservador, moderado ou agressivo. Assim, vai poder tomar decisões de acordo com o que sente e com sua maneira de se relacionar com o dinheiro e os investimentos.

Os bons investidores costumam comprar em momentos de pânico e vender em tempos de euforia. Evite ser um mão frouxa, para não perder dinheiro, e também não invista com dinheiro emprestado. O eneatipo Oito pode nos ajudar a investir devido à sua alta capacidade de entrar em ação e de se arriscar e à sua vontade de compreender em que está se metendo para ter o controle de suas finanças pessoais.

Passo nove: a verdadeira riqueza

A verdadeira riqueza, o controle de sua vida, é muito mais simples do que pensamos e não depende apenas de dinheiro, embora ele nos ajude a alcançá-la. Ter liberdade para fazer o que quiser, quando quiser, com quem quiser e durante o tempo que quiser é o maior símbolo de felicidade de um ser humano.

Para conseguir estar em paz é imprescindível saber o que quer conseguir e quando tem o suficiente; deixar de desejar constantemente ter mais e acumular produtos, experiências e serviços de maneira compulsiva.

No momento exato que uma pessoa se sente satisfeita, ela experimenta as habilidades do eneatipo Nove, pois encontrou o ponto de equilíbrio e felicidade em sua vida. Respira-se comodidade e vive-se uma vida sem pressa e saudável.

Além disso, se produz uma aceitação de toda a situação que você experimentou, criou ou viveu no passado. As decisões anteriores fazem parte do processo de aprendizagem e autoconhecimento em nosso caminho.

Epílogo

Sua vida, suas regras

Como dissemos no começo, transformar nossa relação com o dinheiro não é como acender um interruptor de luz. Isso não acontece instantaneamente nem com um golpe simples. Exige muito tempo de autoconhecimento, reflexão e auto-observação.

Pode ser que você demore algumas semanas ou apenas uns poucos dias para ler este livro. Agora, transformar a relação com o dinheiro é algo que ocorre com o passar dos anos, das décadas e inclusive até o dia de nossa despedida.

Se você seguir os passos de verdade, sua vida econômica vai se acomodar, cedo ou tarde. Você vai se responsabilizar por sua vida, por seu dinheiro, pelo controle de seu tempo. Suas finanças pessoais já não provocarão medo, pois você vai dominá-las. Quando isso acontece, você começa a ter mais confiança em si mesmo, graças ao fato de estar cultivando a inteligência econômica.

Dominar os nove passos significa que você já tem critério próprio na hora de viver. Você se conhece e age de acordo com quem é, rejeita a pressão social e se conecta com sua própria informação.

Além do mais, você vibra na abundância porque, uma vez que tenha organizado suas finanças pessoais, sabe que um número concreto também não fornece a abundância real. É evidente que R$ 50 mil não são o mesmo que R$ 1 milhão ou R$ 10 milhões, mas a sensação de estar alinhado com seu propósito, de se sentir livre, de ir dormir tranquilo à noite sentindo paz pode ser experimentada com qualquer valor.

A abundância não é um sentimento que chega de fora para dentro, mas nasce no interior e termina se expressando no exterior.

Fale de dinheiro

Por último, eu gostaria de confessar uma coisa. O que impulsionou de forma notável minha transformação com o dinheiro foi falar sobre ele. Isso acelerou exponencialmente minha viagem de reconciliação e estabeleceu as bases de meu plano financeiro.

Eu perguntei muito sobre dinheiro a todo tipo de pessoa — e minha formação foi obtida de diversas maneiras (cursos, livros, vídeos, seminários, experiência, investindo etc.) —, investiguei meus comportamentos, experimentei investimentos diferentes, perdi muito dinheiro, ganhei outro tanto. Movimentei dinheiro, gastei, faturei, esbanjei, presenteei, doei... Em suma, experimentei e fui curioso por entender as regras do jogo do dinheiro.

Tive de sair de meu mundo, de minhas ideias e de minha forma de ver o dinheiro para poder ampliar horizontes, aprender com pessoas que estão mais avançadas que eu. Se tem uma coisa da qual não me arrependo é de ter perguntado como se fosse uma criança.

Prefiro que pensem que sou um ignorante a deixar passar algo que não consegui entender. Esse é o último conselho que me atrevo a dar a você: pergunte como uma criança e sem vergonha todas as vezes que for necessário.

Cerque-se de pessoas que podem ser referência para você ou que já tenham percorrido esse caminho que você deseja. Não se compare, não se julgue, não se afunde e mantenha sempre a mente muito aberta.

Quanto mais falar de dinheiro, mais normalizar seu uso e as conversas sobre ele, mais cedo vai derrubar medos e crenças limitantes. Você tem uma relação com o dinheiro, não se esqueça disso.

E, como em toda relação, você deve cuidar dela. Confesso que agradeço ao dinheiro, eu o saco do cofre que tenho no banco para vê-lo e tocá-lo, eu o retiro de minha conta corrente, o uso e até falo com ele.

Inclusive, em certas ocasiões, eu o trato como se fosse uma pessoa. Em outras, como um objeto. E, em outras, como esse meio simples e grandioso para conseguir o que quero. Tenho uma relação com ele e, se eu o quero por perto, devo cuidar dele.

Dessa maneira posso ser o senhor de meu destino econômico e o dono de minha própria vida.

Não há fórmulas rígidas, mas, como eu disse anteriormente, em sua vida, você determina suas regras.

Por enquanto isso é tudo. Desejo de coração que este livro tenha sido útil. Também desejo que você consiga chegar a um estado de verdadeira riqueza.

Defina o estilo de vida que deseja, tenha uma visão clara e trabalhe a cada dia por ele.

Por sua liberdade.

Agradecimentos

Antes de mais nada, obrigado a você por dedicar seu tempo valioso a ler este livro. Desejo que a ideia de que você pode ter uma relação melhor com o dinheiro o tenha ajudado, que tenha gostado dela e sido motivado. Agora é hora de pôr em prática o que aprendeu!

A Anne por me apoiar sempre. Por confiar em tudo o que faço, no que empreendo e em minhas decisões de vida. Sem você este livro não teria sido possível. Obrigado por formar uma equipe. Você é incrível.

A meu filho, Bruno, por ser o motivador da grande maioria das decisões que tomamos. Obrigado por nos escolher. Tomara que este livro inspire você a viver a vida que quiser.

A meu pai, minha mãe, Fede e Tomy, pela união e o amor infinito que nós temos. Estar com vocês me faz muito feliz.

Ao selo Conecta por desejar publicar este livro na Espanha. É uma honra pertencer à família da Penguin Random House.

A meus editores, Alba e Carlos, obrigado de coração. Que prazer eu senti.

A Sandra Bruna, minha agente literária, por confiar em mim desde o primeiro dia.

A todas as pessoas que fazem parte de nossa querida comunidade de pessoas curiosas, inteligentes e dispostas a melhorar sua vida. Obrigado por me apoiarem, lerem, consumirem, animarem e, principalmente, por fazerem juntos essa viagem de crescimento. Sem vocês isso não teria sido possível.

Tenho uma infinidade de amigos e conhecidos a quem gostaria de agradecer, mas seria injusto citar tão poucos nomes quando são muitos os que me acompanham em minha vida.

Entretanto, gostaria de mencionar Ferran Cases, Francesc Miralles, Raúl Ravelo e Edu Iglesias como pessoas que me apoiaram, ajudaram e animaram desinteressadamente para que este livro chegasse a suas mãos.

E, por último, é estranho, mas nem por isso quero deixar de fazer isso... obrigado a mim mesmo por me atrever a trazer à luz *Dinheirograma*, por me mostrar, criar e confiar que em minha vida eu estabeleço as regras.

Por fim, obrigado à vida, que é maravilhosa.

Obrigado de coração.

Referências e leituras recomendadas

Livros sobre dinheiro

Bogle, John C. 2010. *Enough: True Measures of Money, Business, and Life. Revised edition,* Nova Jersey, John Wiley & Sons.

Bravo, Isra. 2022. *Escrevo porque gosto de ganhar dinheiro,* Rio de Janeiro, Contraponto Editores.

De Marco, M.J. 2018. *La vía rápida del millonario: descubre el código de la riqueza y sé rico durante el resto de tu vida,* Málaga, Sirio.

Eker, T. Harv. 2006. *Os segredos da mente milionária: aprenda a enriquecer mudando seus conceitos sobre o dinheiro e adotando os hábitos das pessoas bem-sucedidas,* Rio de Janeiro, Sextante.

Hill, Napoleon. 2019. *Pense e enriqueça,* Rio de Janeiro, Record.

Housel, Morgan. 2021. *La psicología del dinero: como piensan los ricos: 18 claves imperecederas sobre riqueza y felicidad,* Barcelona, Planeta.

Jorgensen, Eric. 2022. *O almanaque de Naval Ravikant: um guia para a riqueza e a felicidade,* Rio de Janeiro, Intrínseca.

Ramsey, Dave. 2021. *A transformação total do seu dinheiro: um plano eficaz para alcançar o bem-estar financeiro,* Campinas (SP), Auster.

Robin, Vicki e Joe Dominguez. 2019. *La bolsa o la vida: los 9 pasos para transformar tu relación con el dinero y alcanzar la libertad financiera,* Barcelona, Kitsune Books.

Samsó, Raimon. 2017. *El código del dinero: conquista tu libertad financiera,* Barcelona, Obelisco.

Sethi, Ramit. 2010. *I Will Teach You To Be Rich: No Guilt, No Excuses – Just a 6-Week Program That Works,* Londres, Yellow Kite.

Smith, Margareth. 2011. *Money from Fear to Love,* Califórnia, CreateSpace.

Stanley, Thomas J. e William D. Danko. 2023. *O milionário mora ao lado: os surpreendentes segredos dos ricos,* Rio de Janeiro, Alta Life.

Livros sobre o eneagrama

Baron, Renée e Elizabeth Wagele. 2008. *El Eneagrama, guia fácil y divertida: descubre los nuevos tipos de personalidad*, Madri, Neo Person.

Riso, Don Richard e Russ Hudson. 2017. *La sabiduría del eneagrama: guía completa para el desarollo psicológico y espiritual de los nueve tipos de personalidad*, Barcelona, Urano.

Tallon, Robert e Mario Sikora. 2012. *Conciencia en acción: eneagrama, inteligencia emocional y cambio. Conoce el perfil de personalidad del eneagrama y la evaluación de competencias emocionales*, Madri, Gulaab.

Outros

d'Ors, Pablo. 2021. *Biografia do silêncio: breve ensaio sobre meditação*, São Paulo, Academia.

Ribas, Laura. 2022. *La vida que quiero: una hoja de ruta hacia la felicidad*, Barcelona, Conecta.

Rovira, Álex e Fernando Trias de Bes. 2016. *A boa sorte*, Rio de Janeiro, Sextante.

Taleb Nassim. 2020. *Antifrágil — Coisas que se beneficiam com o caos*, Rio de Janeiro, Objetiva.

Blogs e páginas na internet

https://nudistainvestor.com
https://www.elblogsalmon.com
https://lahormigacapitalista.com
https://www.aswathsilber.com
https://joantubau.substack.com
https://sive.rs/n
https://haiki.es

Direção editorial
Daniele Cajueiro

Editora responsável
Ana Carla Sousa

Produção editorial
Adriana Torres
Júlia Ribeiro
Juliana Borel

Revisão de tradução
Letícia Côrtes

Revisão técnica
Alfredo Coli Jr.

Revisão
Mariana Lucena
Perla Serafim

Diagramação
Douglas Kenji Watanabe

Este livro foi impresso em 2023,
pela Reproset, para a Agir.